勢古浩爾

自分がおじいさんになるということ

草思社

まえがき

わたしは今年、七十四歳になった。自分で信じられない。あの身体頑健、紅顔の美少年だったわたしはどこに行ったのか。スイスのベルンのユースホステルで、三、四人の金髪少女たちがやってきて、「あなた日本人?」と訊かれた二十一歳のわたしはどこへ行った? よーし、仕事でおれのできることはすべてやるぞと意気込んでいた、あの気力横溢した壮年のわたしはどうなったのか。

だから、皮膚がカサカサし、体のたるんだ、足腰の弱った七十四歳のじいさんになったのだ。否も応もない。だが、くどいようだが、これが信じられない。自分ではまだ四、五十代のつもりなのだ。しかし現状に納得していないのは意識だけで、身体の内外では確実に老化が進行していたのである。

三年前の二〇一八年十月、わたしはいきなり脳梗塞に見舞われた（早いものだ。つい昨日のことのように思える）。青天の霹靂《へきれき》だったが、幸い、ほとんど後遺症もなく回復した。このことは『人生の正解』（幻冬舎新書）の「あとがき」に詳しく書いた。

しかし脳梗塞はちょっとでも油断すると再発しやすい病気らしく、若い看護師にも「もう戻ってこないようにね」といわれた。そうならないように毎日一回、降下剤と血液がサラサラになる薬三錠を服用している。生きているかぎり、飲みつづける。あとは水を最低でも一・五リットル摂り、塩分を抑え（できれば一日六グラム以内）、軽運動も不可欠というので、平均一万歩のウォーキングをしている（最大二万歩）。一歩をおよそ八十センチと計算すると、一日約八キロ歩く勘定になる。

そういう意味では、このような日々の暮らしのなかで、わたしは時々死を意識することがあるといってもいい。といっても半分冗談のようなもので、本気ではない。このような仕儀で、いったい何歳くらいまで生きられるものかとか、いま死んだらどうなるのかなあ、といったぼんやりした意識である。七十四といえばいつ死んでもおかしくない年齢であるが、そんなこと考えてもわかるわけがないから、いつも途中で打ち切りとなる。

年寄りのなかにはたまに、おれはいつ死んでもいいよ、やりたいことは全部やったからなんの後悔もない、と豪語する人がいたりするが、本心かどうかわからない（わたしはひとりだけ、本気の人を知っている。その人の本気は信用できるが、かれは老人ではなく壮年の人だ）。それであるとき（今年の二月か三月頃だったか）、寝入りばな、わたしはどうか？　と考えてみた。いまこのまま死んでも全然平気か、と。

思いがけず、この簡単な思考実験（？）は有意義だった。結論からいえば、いやそれは困る、嫌だな、と思ったのである。幼稚だが、やはり生きているほうがいいな、と思ったのである。これは未練であろう。べつに、まだやり残したことがあるとか、「死ぬまでにやりたい○○のこと」とかが、あるというのではない。ただ単純に、死ぬのは嫌だな、生きていることは単純に、いいことだな、と山下清みたいに思っただけである。

そのとき、思い浮かべたことは、あらましこのようなことである。死ぬということは、このまま未来永劫真っ暗な世界に閉じ込められるということだ。おまけにあちらはずっと冷たい世界ではないか。もちろん死ねば、そんなことを感じるわけはない。

死んでいるのだから、暗いも冷たいもない。けれど、そう思ったとき、それはちょっと嫌だな、と思ったのが第一感で、この感覚は決定的だと思われたのである。

そんな死に比べるならば、生きていることははるかにいい。どこがいいのか。なにより、こっちは明るい。それに、温かい。さらにあっちは静かで体が動かない。だが、こっちでは呼吸をし、五感が生きている。歩き、笑い、動くことができる。こっちには感覚があふれている。むろん暗さも冷たさもある。だがそれにもグラデーションがあり、無機質一色ではない。この〈生〉の感覚の発見は圧倒的で、決定的だったのである。

そのときふいにあることを思い出した（わたしはまだ寝床のなかで考えている）。瑣末なことである。世間では、あんたはなにが楽しくて生きているのか、という人を小バカにするいい方があるが、その言葉を昔（四十年ほど前？）、ある人からいわれたことがあったなあ、と思い出したのである。

その人は、わたしが酒を飲まないという一事につけこんで、この言葉をいったのである。おそらくその人は、常々、わたしの存在が気に入らず、元々悪意をもっていたのだろう。人を小バカにしてやろうとするこの言葉は、たいていは、酒もタバコもやらない、賭け事もしない、女性にも手を出さないような朴念仁（堅物）に対して投げかけられる言葉であろう。だがわたしは、元来、性温厚な人間だから、そんな程度のことでいちいち、いい返しはしなかった。

ただそのとき、わたしが考えたことはこうだった。いまでもはっきり覚えている。「ばかだねえ、おれはただ生きているだけで楽しいんだよ」と。しかし、そのときの「生きているだけで楽しいんだよ」は、単なるレトリックであった。相手に逆ねじを食らわせる返答例として頭に浮かんだもので、当時のわたしがほんとうに「ただ生きているだけで楽しい」と思って生きていたわけではない（気の利いた返しだとは思ったが）。そもそも人生を楽しいとか楽しくないという言葉で考える人間ではなかった。

それが寝床のなかで、死の側からの反照として生を考えたとき、つまり「末期《まつご》の目」で生の側を見返したとき、永遠に暗く冷たく静かな死の世界に比べれば、明るく温かく動的なこの世界は断然いい、つまり「生きていることははるかにいい」（それを楽しいといえば楽しい）と思われたのである。このことは感覚としてはっきりと感じられた。

そしてそのとき、はるか昔に「ばかだねえ、おれはただ生きているだけで楽しいんだよ」と、考えたことがあったことを思い出したというわけなのだが、それがいまこの歳になって、わたしは「ただ生きているだけで楽しいんだよ」という感覚を、ほんとうに手にいれたのではないかと思ったのである。これは老人にとって、無敵の感覚ではないか。いや、無敵ではないが、なによりいいことではないか。

わたしは定年後の最初の数年間、町の公園に行くことを覚えた。そこでただ缶コーヒーを飲み、タバコを喫い、本を読むだけなのに、なぜか気に入り、何時間も過ごした。毎日、その公園に行くことが楽しみになりさえしたのだが、いま思えばその時間は、「生きていることはいい（楽しい）」という感覚と近いところにいたのではないか、という気がする。ベンチに座ってなんとなく安らぎ、体の調子がよく、生きている実感が心地よかったのではないか（ただそのときは同時にかっこつけて、死ぬにはもってこいの日だな、とも思ったりしたから、やはりちょっとちがう）。

その感覚をもう少し拡張すれば、たとえば、心地いい風や木漏れ日、真っ赤な夕日や虫の音に「生きていることの楽しさ」を感じるという感覚になる。流れる小川、咲き乱れる花、あるいはひっそりと咲く花や、しとしとと降る小雨などに感覚が活き活き対応することができれば、ごく自然に「生きていることはいいことだ」と実感することができる。

このように感じることができるなら、年寄りにとってはこの上もなくいいことである。もはや、なにか楽しいことはないか、やりがいのあることはないか、どうやって生きたらいいか、などと考えたり、焦ったりすることは一切必要なくなるからである（元々、わたしはそういうことを考えたり、したりしないタチだが）。というのも、生きる理由の最低限のこと――生きているだけで楽しい――が満たされているのだから。

これは多少なりとも死を意識するようになる年寄り独特の感覚かもしれない。六十前にそんなことを考えることなどありえなかった。というのもまだ五十代くらいまでは、すくなくとも六四の割合で、生のほうに重心がかかっているからである。いや、いまだって、そんな調子のいいことがあるか、と思われる元気いっぱいの年寄りの人がいるだろう。風が吹いても、雨が降っても、箸が転んでも楽しいだと、ばかいってんじゃないよ、と。

だが、わたしはこれを正直に書いている。いまでは晴れても雨が降っても楽しい。道端の花の写真を撮ることも、川の流れを見ることも楽しい。歩くことも、自転車に乗ることも楽しいのである（ほんとうをいえば、「楽しい」とはちょっとちがうのだが。日々是好日也、くらいの感覚か）。わたしは、だれ憚ることなく、この「生きているだけで楽しい」という感覚をもって生きていけばいい。

「ただ生きているだけで楽しい」ということは、無理に「楽しいこと」をつくらなくても、それ以前の、日々の取るに足りないあたりまえのこと、つまり「生きる元素」みたいなことがあるだけでいいのである。死の側から生の側を見たとき、それらのなんでもない青空、白い雲、薫風、花、月、星、雨、霧などの「自然元素」が、また、息をしていること、見えること、聞こえること、歩けること、食べられることなどの「身体元素」が、一気に生彩を帯びてくるのである。そのときに感じる心身の浮遊感（快感）を、とりあえず「楽しい」といってみるのである。

わたしはもちろん人工的な「楽しいこと」を否定しているのではない。人工的な「楽しいこと」はそれぞれ見つければいいし、人々はそうしているのである。飲み会、コンサート、バーベキュー、海外旅行、ディズニーランドばかりではなく、昆虫採集、鉄道模型、切手収集をしている人もいる。

それに比べると、「生きる元素」は、最低限のことである。もちろんそれだけでもいいのだが、やはりいささか物足りないであろう。その上になにを築いていくかは、人それぞれである。だがそれらがいかに大がかりで刺激的に見えようとも、あくまでも「自然元素」や「身体元素」のおまけみたいなものである。そしてその感覚こそが老人の自由である。

自分がおじいさんになるということ

目次

第2章　それでもやはり健康一番、お金は二番

第3章　ワクワク自転車、ウキウキ歩き

第4章　またときめきの奈良へひとり旅

第5章　映画と写真と絵画と

第6章　喫茶店で音楽を聴きながら外を見る

第7章　死ぬまで読書

あとがき

第1章

「生きているだけで楽しい」という老年

「末期の目」から生を見返してみる

「ただ生きているだけで楽しい」というのは、楽しくてしょうがない、ということではない。そんなこと、あるわけがない。ただ息をしているだけで、手足が自在に動くだけで、目が見え、話すことができ、聞こえ、匂い、触ることができ、食べることができるだけで、「ほんと、生きているだけで楽しいなあ」と感じることは、ない。あるわけがない。

生きるということは苦しみのほうが多いよな、というのは大いにありうる。生の側の意識だけで考えると、生きるということは、大しておもしろくも楽しくもないものである。たまに楽しいことやうれしいことはあるにせよ、むしろめんどうくさいことや嫌なこと、苦しいことや心配事のほうが多いだろう。

だから人間は人工的（人為的）に「楽しいこと」――飲み会、ディズニーランド、バーベキュー、パーティ、旅行、合コンなど――をつくりだすのである。そして人もそれを求めているのだ。しかしこんな「楽しいこと」で毎日を隙間なく埋め尽くすことなどできない。たとえできたとしてもその「楽しいこと」が予想通り「楽しいこと」かどうかわからない（でも、これは「楽しいこと」なんだから、なんとしても楽しまなきゃ損だよね、ということならずいぶんありそうだ）。

仏教でも生きることは四苦八苦だという。四苦は生老病死。この根本的な四苦に、愛別離苦《あいべつりく》（人との別れ）、怨憎会苦《おんぞうえく》（嫌いな人間と会う）、求不得苦《ぐふとっく》（欲しいものが手に入らない）、五蘊盛苦《ごうんじょうく》（物事が思い通りにならない）の四苦をあわせて八苦である（調べました）。しかし「人生は苦」だからといって、じゃあ死ぬか、とはならない。明日死んでもいい、とは思わないのである。

なぜか。死にたくなるほど苦しくはないからである。死は絶対の絶望だが、生は、たとえはかなくても希望だからである。「苦あれば楽あり」であり、「待てば海路の日和あり」だからである。それに「まえがき」でも書いたように、死の側からの意識で考えてみると、あっちは一切が無である。死はまったく楽しくないのである。ならばはるかにこちらがいい（ほんとうは、ここは慎重にならなければならない。少年少女——だけではないが——の自殺があるからである）。

わたしが「ただ生きているだけで楽しい」（生きていることはいいこと）と思ったのは、

単純に死の世界を思い浮かべ、それとの比較で生の世界を見てみた結果である。どう考えても、生の世界のほうがはるかにいいのだ。死の世界から生の世界を見ることを、わたしは記憶の中から「末期の目」という言葉を引っ張りだし、そう呼んでみたのである。いまにも死にそうな状況で、生を振り返るとなんでもない風景が鮮やかに活きとして見える、というような意味である。

だれの言葉か調べてみると、元々は、芥川龍之介の遺書『或旧友へ送る手記』のなかの言葉らしい。こうある。「しかし僕のいつ敢然と自殺できるかは疑問である。ただ自然はこういう僕にはいつもよりもいっそう美しい。君は自然の美しいのを愛し、しかも自殺しようとする僕の矛盾を笑うであらう。けれども自然の美しいのは僕の末期の目に映るからである」(『日本文学全集　芥川龍之介』所収。集英社)

死を意識していた芥川の「末期の目」には、自然は「いつもよりいっそう美しい」ものに映ったのである。またそれは、ある小説のなかでもこのように書かれている。

寒い。口鼻からはいりこんでくる冷気が、鞍の上で、沖田を咳きこませた。沖田の咳をのせて、馬は三条通を東へ駆けた。粟田口のあたりで、手甲《てっこう》を、口へあてた。

布が、濡れた。わずかに、血がにじんでいる。
(自分も、永くはないのではないか)
そうおもうと、右手にすぎてゆく華頂山の翠がふしぎなほどの鮮かさで眼にうつった。
(司馬遼太郎『燃えよ剣（上）』新潮文庫)

死を意識したとき、それまでまったく気にもとめなかった山の緑が「ふしぎなほどの鮮かさで眼にうつ」るのである。つまり風景（自然）がまったくちがった様相を見せる。活き活きと輝いて見えるのである。沖田総司は実際に死にかけている。仮の死の話ではない。それだけに目に映る「鮮かさ」は余計に際立っているのかもしれぬ。
それは所詮、小説家の創作、あるいは小説のなかの話だろう、と納得できない人には、こういう実例を見てもらいたい。

息をするだけでこんなにも嬉しい

刀根健という人が書いた『僕は、死なない。』（SBクリエイティブ）という本がある。

副題なのか「全身末期がんから生還してわかった人生に奇跡を起こすサレンダーの法則」という文章が添えられている。

二〇一六年九月、教育関係の会社で心理学の講師をしていた著者は、突然、肺腺がんの告知を受けた。しかもそれが判明したときは、一番深刻なステージ4。すでにリンパにも骨にもがんが転移し、手術も放射線治療もできない状態だった。抗がん剤治療をしても一年生存率は約三十パーセント。

それでも著者は「絶対に生き残る」「完治する」と決意し、自分でがんを治すため、医師から勧められた抗がん剤治療を断り、あらゆる代替医療や民間療法を試みる。その努力の仕方が詳しく書かれているが、すごいものである。

しかし九ヵ月後、その努力もむなしく、がんは全身に転移し、医師からはついに「いつ呼吸が止まってもおかしくない」状態と告げられた。そのとき、著者は「やれることは全部やった。もう僕にできることはなくなった。神様、降参です。全てをゆだねます」と呟いた。

そのとき、著者はある神秘的な体験をしたというのである。そして、それからの四日間、奇跡的な出来事が著者の身に次々と起こっていく。そしてその一ヵ月後、信じられないことに全身に転移していたがんはきれいに消え去っていた……。

まだ「奇跡」が起こる前のことだが、死に襲いかかられた刀根氏がはじめて、生きているだけで喜びを感じたときのことを書いている。


翌日、1週間ぶりに会社に出勤した。

電車の中で昨晩の激痛を思い出した。昨日は最悪だったな。

昨晩にはできなかった深呼吸を、思いっきりしてみる。胸が大きく動く。新鮮な空気が肺に入ってくる。痛くない。全然痛くない。ああ、なんて幸せなんだろう。痛みなく空気が吸えるって、なんて幸せなんだろう。

電車の窓から、太陽の光が降り注いでいた。僕の顔に、僕の手に、暖かいエネルギーがじわじわとしみ込んでくる。なんて暖かいんだろう、なんて綺麗なんだろう、なんて美しいんだろう。気づかなかった。世界はこんなにキラキラしてたんだ。息するだけでこんなに幸せなんだ。

生きてるだけで充分じゃないか。息をするだけでこんなにも嬉しいんだ。ほら、人生は喜びに満ちているじゃないか。生きている、それだけでも『奇跡』なんだ。

生きてるってこと、それだけで、素晴らしいじゃないか。

こういう体験ならもっと小さいかたちで、わたしたち全員も知っている。歯痛が消えたとき、吐き気が治まったとき、また口内炎が治ったときですら、わたしたちは「ああ、痛みがないということはなんて幸せなんだろう」と思う。ひどい風邪が治癒したとき、長期の入院から退院できたときなど、心から「ああ、なんだかんだいっても、やはり健康が一番だな」と思わなかった人はいないはずである。しかしなにごとも喉元過ぎればで、わたしたちはそのつど、そんな思いを忘れてきたのである。

刀根氏の「奇跡」体験が、ほんとうかどうかわたしにはわからない。たぶん肺腺がんの患者の四パーセントにしか適合しないというALK融合遺伝子が奇跡的に刀根氏に適合することがわかり、「アレセンサ」という分子標的薬がうそのように効いたということなのだろうと思う。思うだけで、わたしにわかるはずがない。

ただ「息するだけでこんなに幸せ」という感覚、「太陽の光が降り注」ぐだけで「なんて暖かいんだろう、なんて綺麗なんだろう、なんて美しいんだろう」という感覚はほんとうだと思う。ただ手を動かすことができ、歩くことができ、食べることができることが「こんなにも嬉しい」、つまり「生きてるだけで充分」ということはありうるのだ（ただし「人生に奇跡を起こすサレンダーの法則」という惹句はウソである。神様に「降参」した途端、「奇跡」が起きたというのだが、そんな「法則」、あるわけがない）。

「生きる元素」としての自然元素

ルイ・アームストロングが歌う「この素晴らしき世界（What a Wonderful World）」は、生きているだけで人生は素晴らしいということを歌う人生讃歌である。そこでは素晴らしい世界をつくっている自然の要素が礼賛されている。「緑の木々」「赤いバラの花々」「青い空」「白い雲」「虹の色彩」である。わたしはこれらを「自然元素」と呼ぼうと思う。

この自然元素は人間が豊かに生きていく上で必須の要素である。これは村下孝蔵の「この国に生まれてよかった」という曲でも、「花」に埋もれて、「月」を待ち、「鳥」を追い、「雪」と遊び、「雨」に濡れて、「雲」をたどり、「岩清水」に触れて、「石畳」を踏み、「川」を眺め、「紅葉」の山並みと「青い空」、「地平線の緑色」などと歌われている。

あるいはまたこういう例を挙げてもいいかもしれない。映画『フォレスト・ガンプ』のなかで、幼馴染のジェニーがガンプに、ベトナムは怖かった？　と聞くと、ガンプは、「美しい星空」「入江に沈む夕日」「キラキラ光る湖面」「透き通った山の湖」「砂漠の日の出」の素晴らしさをいうのである。これはベトナム戦争に従軍した人間の「末期の目」によるものといっていいかもしれない。

宮崎駿氏を取材したテレビの番組で、こういう場面があったことを覚えている。ジブリビルの屋上に立った宮崎氏が夕日を見て、死んだ友を思い出し、こういうのだ。「ああ、あいつはもう、こんな美しい夕日も見ることができないんだな」。宮崎氏が「末期の目」で見ているわけではない。ふつうに現世の目で見て、自然元素の美しさや心地よさに感嘆することはだれもが体験していることである。しかもその美しさを親しい人と共に見たい。

日本画家の千住博氏が高野山・金剛峯寺の襖四面に六年がかりで絵を描いた。モチーフは崖と滝。千住氏が試行錯誤をしながら制作を進める過程で、吉野の紅い夕景、海岸に打ち寄せる波、雲間に連なる山脈、そして水の微粒子がけぶる自然の滝（たぶん那智の大滝）の映像が映された。自然以上に美しいものはない。人間の技能もすごいが、自然にはとうてい及ばない。自然は計らずしてすごい風景をつくりだす。

（NHKスペシャル『高野山　千年の襖絵　空海の世界に挑む』二〇二一・一・二十三）

また映像作家の保山耕一《ほざんこういち》氏がYouTubeにあげつづけている「奈良、時の雫」シリーズに映し出された奈良の風景は「自然元素」の宝庫である。すべて人間が人間として生きるために必要な自然元素が鮮やかに映しだされていて感動的である。ナイアガラの滝とかエベレストとかウユニ塩湖とか特段なものはない。花であり、夕日であり、雨であり、雲であり、水滴であり、川である。保山氏も死に直面した経験をもっている。いまも直面しつづけている（第4章で詳述する）。

自然元素に人間が美しさや心地よさを覚えるのは世界共通である。夕日、虹、花、風などである。しかしたとえば月や桜を見て、お月見やお花見なんて風流を創りだしたのは日本独特である。

また自然元素のこまやかなニュアンスを表現するために、わたしたちの祖先は、世界でも独特な日本語の無数の表現の仕方を発明した。驟雨《しゅうう》、氷雨、せせらぎ、青嵐、そよ風、あかね雲、花筏などなど。これらは自然元素によって賦活された感覚が生みだした文化である。人間の基本をつくるための「言葉元素」である。これらのことが、わたしたちの死生観に影響を及ぼしていないはずはない。

「この国に生まれてよかった」のなかにも言葉元素が示されている。「春夏秋冬」「睦月如月弥生卯月」「湯の町」「門前の境内」「城跡」「漁《いさ》り火」「白いうなじ」など。村下孝蔵が、美しさを訴える元素としての日本語に対する感覚をもっていた証拠である。日本人はその感覚を俳句や短歌という芸術にまで昇華させ、世界でも稀な歳時記なるものを編んだ（しかしそれがいまは「あけおめ」「むずい」「めんどい」「やばい」「うま」「まじ」。まあ、それはそれ、これはこれ、か）。

自然元素と人間元素は人間の理想郷

「生きていることはいいこと」「生きているだけで楽しい」と思ったのは、死に比べて生の側が温かく、明るいからである。色彩も豊かだ。もうひとつ、ある。生きているということは、呼吸をしている、手足が動く、目が見える、聞こえる、話せる、触れる、飲食ができるということだ。これを「身体元素」と呼びたい。この元素は自然元素や言葉元素の前に必須である（これもほんとうは、微妙で繊細な問題である。考えていけばいくらでも重い問題に突き当たるが、ここではそこまで深入りするつもりはない）。

ルイ・アームストロングの「この素晴らしき世界」には、「自然元素」のほかに、人がまともに生きていくための「人間（社交）元素」（人間が人間であるための理念的元素）も歌われている。それは人間同士の「挨拶」であり「礼儀」であり「気遣い」であり「慈しみ」である。歌詞には「友人たちの握手」「ごきげんいかが？」「愛してます」「赤ちゃんたちの泣き声」「赤ちゃんの成長を見守る」とある。

右のほかに、世界中で人間の美徳とされている「寛容」「思いやり」「謙虚」や「尊敬」といった人間元素と、生きていることの歓びである自然元素だけで生きていけるなら、人間の理想郷が実現する。「この素晴らしき世界」で歌われた「そうさ、ひとり思うんだ、なんて素晴らしい世界だと」という世界が生まれ、また村下孝蔵の「この国に生まれてよかった」で歌われた、「ただひとつの故郷で君と生きよう」「二人歩こう」の世界が実現する。

が、わたしたちの現前にあるのは醜く卑しいろくでもない世界でもある。自然は掘り崩され、言葉は表面だけもっともらしいが、中味はうそくさくインチキな言葉ばかりで、人間はひたすら金儲けと保身と自己アピールに余念がない。人間の現状も人間の歴史ももっとひどい。人間ほどひどい生物はいない。

時々、朝の六時頃に近くのマクドナルドに行くことがある。ガラガラの店内で窓際のいつもの席に座り、簡単な朝食を食べ、コーヒーを飲む。携帯プレーヤーで音楽を聴き、なにかを書き、本を読む。時折、ボーッと外を眺める。七時半頃になると、店の前の大きな交差点に、全員黄色い帽子をかぶってランドセルを背負った集団登校の小学生たちが集まってくる。大きい旗をもった若いお母さんたちが、交代制なのだろう、二人一組で子どもたちを誘導している。

その子どもたちを見ていると、生きていることはいいことだな、と思う。かれら彼女たちはこれから大変なことのほうが多いだろう。一人ひとりちがう人生を歩んでいくことになる。どんな人生になるのか、だれにもわからない。けれどこの登校時の一瞬、無垢で清浄な空気のなかで、少年少女たちが生きているのはいいなあ、と思う。

母親の「行ってらっしゃい」の声に送られて、「行ってきます」と出かける。「ただいま」と帰ると、「おかえり」と迎えられる。どうかかれら彼女たちがそのような

「人間元素」の関係のなかで、そのまま健全に育っていくことを願うしかない（わたしは「人間元素」がうまくいっている関係として、ＮＨＫの番組『やまと尼寺　精進日記』の後藤密榮住職と慈瞳さん、まっちゃんの三人の関係に見出す）。

ところが、そんな願いなどなんの意味もない。おだやかなかれらの登下校が一瞬にして惨事になったりする。これまた深刻な事態は現実にいくらでもありうる。「人間の元素」は簡単に無視される。バカにされる。簡単に踏み潰される。人間の元素はむなしい。「行ってらっしゃい」も「おかえり」もない子どもがいるかもしれない。毎日毎日学校に行くのが苦痛でしかない子どもも相当いるだろう。だれもどうすることもできないのだが、それでもひとりでも多くの子が救われることを願うしかない。

養老孟司の①More-と②Here & Now

なにが楽しくて生きているのか、という言葉は、他人にいう場合はアホ言葉となるが、自分に問うときは意味がある。わたしたちは、おれはなにが楽しくて生きてるのかなあ、と問わないが、意識していなくても、個の楽しみであれ共同の楽しみであれ、なにかを楽しみにして生きてはいるのだろう。親なら子のしあわせのために、夫や妻なら家族のしあわせのためにとか、勤め人ならより多い給料のためとかより高い地位のために、アスリートならもっと記録が出るようにとか大会で勝つためにとか、学生なら試験に受かるためにとか、人間一般なら人に認められるように、などじつに千差万別であろう。

養老孟司氏がＮＨＫの番組で、人間の行動の動機における二つの報酬系について話をしていたので、慌てて書き留めた（人間の行動の動機とは、フロイトのいう「快感原則」のことといっていいだろう）。一つはドーパミンが関与する「More」（もっと）の報酬系であり、もう一つはセロトニンやオキシトシンが関与する「Here & Now」（いまここ）の報酬系である。

もっともっとと欲したり、つねに新しいもの（こと）を求める「More」の報酬系は、人間にとって本能的である。ただしこれは、予期通りの結果しかもたらされないと、報酬（快感）はあまり活性化しない。予想外の結果があると（「報酬予測誤差」が大きいほど、と養老氏はいってたか？）、快感はより活性化する。

他方、「Here & Now」の報酬系は、「More」の報酬系とはまるでちがう。いまここにあるもの（こと）だけで満足し、そのことに快を感じる。恋愛が典型的だが、最初はドーパミン系が働く。「More」である。しかしそれが日常に収まっていくために「Here & Now」に切り替わる必要がある。曖昧で申し訳ないが、そういうような話だったと思う（NHK-BSプレミアム『まいにち 養老先生、ときどき まる』二〇二一・三・十三）。

これはわかる話だ。人は「More」だけでつづいていくのが恋愛だ、と思いがちだが、それがやがて「Here & Now」に落ち着いていくとき、愛になるのかもしれない。だけど、幼稚な精神は、それを飽きや倦怠と捉えるのかもしれない。中年のおっさんやおばさんで、燃えるような恋がしてみたいわあ、という人がいるが（知らないが）、一本調子に「恋はMore」と考えている人であろう。勝手にしなさい。

わたしはこの「Here & Now」の報酬系に興味があったから（生きているだけで楽しい、に親近的じゃないか?）、もう少し詳しく知りたいと思い、養老氏の著作の何冊かにあたってみたが、これに触れた本は見つからなかった。ご存じの方がいらっしゃったら、ぜひご教示ください。養老氏は簡単に触れただけである。それを書き留めたわたしのメモも不十分だったから、以下の文章はわたし自身の考えである。

「More」と「Here & Now」の二つの報酬系は、ともに「快」がもたらされることを期待する。「快」とは楽しさ、喜び、うれしさ、気持ちよさ、心地よさ、といったものを意味している。

「More」のドーパミン的報酬系が求めるのは漢字で書けば「楽しさ」であるとわたしは考える。この楽しさは身体的、感覚的である。本能的、刺激的だが、人工的であり娯楽である。イベントでありサプライズである。ゆえに一過性であり、この「楽しさ」は蓄積しない。人間が感じる楽しさはほとんどがこの楽しさである。記憶に残るが、すぐ飽きるから、次から次へと、次を求める。

それに比べ、「Here & Now」のセロトニン的報酬系は、漢字で書けば「愉しさ」のほうだと思う。セロトニンが俗に「幸せホルモン」と呼ばれるように、こちらの「愉しさ」はおだやか、じんわり、というものである。静的で刺激的ではない。しかし心を育てる。わたしの考える「自然元素」はこの「愉しさ」をもたらす。「身体元素」はこの「うれしさ」である。

「More」は文明的、「Here & Now」は文化的、といってよい。

物欲は人間をしあわせにしない

わたしは若いときから物欲（所有欲）がほとんどなかった。老年になったいまでも、そんなにないと思う。ただ思い出すのは、中学三年のとき、ジョニー・ソマーズの「内気なジョニー」のレコードが喉から手が出るほど欲しかったことである。

商船高校を受験するため、受験会場のある町に汽車で行くことになった。父に連れていってもらって一泊したのだが、出発する日の午前中、思い切って父に頼んで金をもらい、レコードを買いに走ったのである。父はそんなものが欲しかったのかと苦笑していたが、あとにも先にもあんなにモノを欲したことはない。

けれど、人が憧れるような豪邸、フェラーリなどの外車、ロレックスなどの高級時計、ルイ・ヴィトンなどのブランド品は、一度も欲しいと思ったことがない。むしろそんなものは邪魔である。そもそも大金持ちになりたいと思ったことがない。と、わたしみたいなものがいったところで、それがどうした？　で終わりだろう。ただの負け惜しみ、貧乏人の遠吠えではないか、と。

しかし金持ちのなかにも物欲が少ない人はいる。シンシナティ・レッズの秋山翔吾選手やロサンゼルス・エンゼルスの大谷翔平選手がそうらしい。秋山は車や腕時計やブランド服などにほんとうに興味がないという。そういう話を聞くと、どうしても、清々しいと思ってしまう。そして意外なことに、堀江貴文氏もそのひとりである。かれがこういっているのを知って、そうなのかといささか驚かされた。

「若い頃から、僕にはほとんど所有欲がない。車に家、高級スーツに時計、貴金属、有名なアート、トロフィーワイフ……多くのいわゆる金持ちが求めている、『自分の成功を象徴する』ような実体物を、ひとつも持ちたくない」（堀江貴文「ニセモノの安心を得ている人たちへ」東洋経済オンライン。二〇二一・三・十二）

どうですか。堀江氏は、そんなものは不要どころか、「持ちたくない」とはっきりいっているのである。ちょっと意外な感に打たれ、堀江氏にそこはかとない好感を抱くのではないだろうか。

わたしはライブドア当時の堀江氏は好きではなかったが、最近はかれの考えに共感することがある。新型コロナに過剰反応するな、というのもそうだ（ちなみに「トロフィーワイフ」とはなにかの誤植かと思ったら、たとえば成り上がりの青年実業家などが金にものをいわせて、世間に自慢できるような女優やアイドルを妻にすること、のようである。てっきり最近できた言葉かと思ったら、すでに一九五〇年代にできた言葉らしい)。

まさか堀江氏を貧乏人の〝負け惜しみ〟で片づけるわけにはいくまい。現にかれはかつて、大金を手にしただれもがやるように、資産を湯水のごとく散財した経験をしている。「僕もかつて、所有欲にとらわれていた時代を過ごした。家も車も、ブランド品もワインも腕時計も、買いまくった。でも、その欲はすぐに満たされた」。プライベートジェットももっていた。かれが、金で買えないものはない、と豪語していた頃である。だが堀江氏はこのことを知ったのである。「所有欲が、人を幸せにすることはない。あるとしても一瞬だ」

わたしの同感などいらないだろうが、同感である。いくら欲しいモノを買い集めても、しあわせにはなれない。うれしいのは一瞬だけ。そこで「モノを持つこと」から「解放」された堀江氏がたどり着いた結論はこうである。「(モノを)所有しなくても自分を豊かにしてくれるいろんなものを見つけて、いまはもっと楽しく暮らしている」

堀江氏は重要なことをいっている。所有欲(物欲)以外の「自分を豊かにしてくれるいろんなものを見つけ」ることができれば、「もっと楽しく暮らして」いけるといいきっている。これが生活が充実するということであり、もっといえば、このことに気づくかどうかがしあわせになれるかどうかの岐路でもある。

堀江氏は、所有欲を満たすことに満足している人を「ニセモノの安心を得ている人」といっている。車のなかでも独りでマスクをし、消毒液を見ると反射的に手を洗って「安心」している人もそうであろう。

根本は「自然元素」、その他は全部おまけ

堀江氏のいう「自分を豊かにしてくれるいろんなもの」がどんなものかはわからない。しかしそれは、自分を「豊か」にしてくれるものである。それをわたしは、おなじ楽しいことでも、「Here & Now」の「愉しさ」であると考える。この「愉しさ」は身になり、蓄積はしないが、常在する。その大本は「自然元素」である。この「愉しさ」を発見できればもういうことはない。もうひとつは「身体元素」である。この「ありがたさ」をつねに忘れないようにしたい。

それ以上の「愉しさ」や「楽しさ」は、個々人で見つけるしかない。六十五歳のと

き と八十歳のときの二回、日本縦断徒歩旅行をしたカメラマンの石川文洋氏が「歩いている時は楽しい」といっている。べつにそんな大イベントでなくてもよい。近所のウォーキングだけでもいいのである。その他、読書、映画・音楽・絵画鑑賞、旅行、散歩、写真、句作。なんでもいい。鉄道でも盆栽でも、養老孟司氏のように昆虫採集でもいい。的場浩司氏のようにめだかの飼育でもいい。

「More」の報酬系は「楽しいもの」である。「Here & Now」の報酬系は「愉しいこと」である。人は「楽しみ」も「愉しみ」も両方求める。「楽しみ」だけでは空虚で浅薄で際限がないが、その一瞬の刺激がいいという人もいるだろう。「愉しみ」はあなたの心や生活を「豊か」にするよ、といっても、そんなわけのわからんものはいらないという人もいるだろう。「More」の報酬系は強力である。「Here & Now」の報酬系の「愉しさ」を自分で見つけないうちは、「More」に翻弄されるしかない。

わたしたちは、たとえば海外旅行やディズニーランドや高価な料理が主で、花や風や雪や月などの「自然元素」は従だと思っている。またスケートボードや野球やゴルフなど激しい運動が主で、息をすること、モノをつかんだり、歩けること、食べることができるなどの「身体元素」は、あたりまえのことで従、だと思っている。無理もない。しかしだれの賛成も得られないだろうけれど、わたしはつねに「自然元素」と「身体元素」が最優先で、それ以外の人工的な「楽しいこと」はどんなものであれ、おまけだと思っている。

たしかに欲しいものが手に入ればうれしい。ショッピングモール内にズラリと並んだトヨタ車のなかに、フェラーリタイプの真紅のスープラが置いてある。若いカップルや中年カップルや家族連れたちが入れ替わり立ち替わり、憧憬のまなざしで見入る。NHKでは『世界はほしいモノにあふれてる』という番組をやっている。モノに憑かれた人は生涯、世間が提示するものに依存して生きるしかない。とはいえ、それでいいというのもその人の人生である。

「生きているだけで楽しい」は年寄りにとって盤石の土台

老後をどうして生きたらいいか、というときに、趣味をもて、人脈を広げておこう、安全な資産運用をしよう、エンディングノートを書こう、墓はどうせよ、家族との関係はこうせよ、といろいろなことがいわれる。『週刊現代』と『週刊ポスト』は部数拡大を目指して、少し前までは「死ぬまでセックス」と「死ぬほどセックス」ということで張り合ってきたが、読者のおやじたちがじじいになってそんな活力もなくなり、いまでは両誌も「健康」や「死」に焦点を絞ってきた。

毎週毎週、こんな雑誌を見るのも、またぞろかれらの思惑に乗せられているようで業腹であろう。もちろん各人の自由だからなにをしてもいいのだが、「人生一〇〇年時代」というウソの宣伝がまだ生きているようで、この先どうやって生きるかね、ということが、気になっているご同輩もいるようである。

そんなときに、そんな心配など無用ですよ、というのが、この「生きているだけで楽しい」という生き方である。この実感は、なにかをしなければならないといった強迫観念から自由にしてくれるのである。無理矢理「生きていること自体が楽しい」と思い込むのではなく、腹の底から納得できるのなら、この実感は生活や人生のベースにあって、まさに怖いものなし、最強不動のベースであると思う。一回死んだ自分を想像してみるよう、お勧めする。

「なにが楽しくて生きているのか」といわれても、いまや楽しいことは無数にある。

それをなにが悲しくて「生きているだけで楽しい」などと生ぬるいことをいってるのだ、おれはもっと積極的にやるよ、仲間もたくさんいるし、人生はいくつになってもチャレンジだよ、という人がいれば、それはけっこうなことである。だがそれが義務感や強迫観念になってしまっては、よくないというのである。

「生きているだけで楽しい」という意識は、あくまでも死の側から見たときの（「末期の目」から見たときの）、生の実感である。いってみれば年寄りの思考である。「More」だけに囚われがちで、永遠に歳をとらないと思っている若い人には難しい感覚である。若者は「生きる元素」（「自然元素」と「身体元素」）だけでは生きていけないと思うかもしれない。しかし可能なら、その元素を生活や人生のベースに据えておいても悪くはないと思う。わたしは若い頃から物欲が少なかったほうだが、もしかしたら「生きる元素」といった思考に親近感があったからかもしれない。

人間には無数の楽しみがあるが、しかし無数のことをできるわけではない。無数の楽しみを全部好きなわけではない。むしろわたしは、世間で楽しいとされていることのほとんどが楽しくない（多くの人が欲することを、わたしは欲しない）。全然、世界は楽しいコトであふれてはいないのだ。それは人と群れてやることが多いからである。わたしが定年退職後、公園に行くのが楽しかった（ウキウキした）のは、人がいなかったからという要素が大きかったのかもしれない。

もし「生きていること自体が楽しい」と感じることができるなら、それ以外の楽しみはすべて「生きる元素」のプラスアルファ、おまけである。ただ生きている（歩き、見え、聞こえ、感じることができる）だけで、心身の浮遊感があるなら、ドライブしたり、酒を飲んだり、恋をしたり、出世したり、といったことで浮遊感が大いに上がったとしても、それはあくまでもおまけである。わたしの場合は、自転車に乗り、本を読み、映画を見、旅に出る、といった程度だけど、それもおまけである。

ただし、「生きているだけで楽しい」と感じることができるためには、すくなくとも歩くことができる、食べることができるという健康と、ふつうの暮らしができる程度のお金は必要であろう。ふつうの暮らしの「ふつう」ってどの程度だ、などとツッコまないように。ざっくりとふつう、のことである。

「生きているだけで楽しい」ということを実感し納得できることは、年寄りが生きる極意だという気がする。これは「生きてるだけで丸儲け」という明石家さんまの考えと似ているかもしれない。ただ、この思考は逆にいえば、「死ぬことは丸損」ということになるのだろうが、わたしは死ぬことは「損」だとは思わない。あくまでも自然の摂理である。「生きているだけで楽しい」というのは、年寄りが生きる極意になりうる。しかし死ぬことに極意はない。ただ単に死ぬだけである。

第2章

それでも
やはり
健康一番、
お金は二番

思いどおりの凡庸な人生

歳をとって求めることは多くない。いまさら大きなことも望まない。歳など関係ない、いくつになっても夢はもてる、といわれるが、わたしは元々夢なんぞもたずに生きてきた。

いつ頃からかこの社会は、子どもたちにやたらと「夢をもて」というようになった。スポーツマンや芸能人や教師や親から、「夢をもて」といわれて、しかも自分の夢が叶った人からは無責任に「願えば、夢は叶うぞ」と煽られる。むろん、夢をもつことは悪いことではない。そういう人はもてばいい。しかし一方では、「ウザったいな。ほっといてくれ」と思っている子どもも数多くいるはずだ。

少年よ大志を抱け、というが（そうでもないな）、わたしが「大志」を抱いたのは、長崎の佐世保北高三年のときに、まったく出来のよくない平凡な成績だったくせに、志望校を東京工業大学と書いたことである。わはは。

数学も物理も化学も不得手だったのに、なぜそんな大学を書いたのかわからない。

建築家になりたいなとチラッと思ったことがあるが、その関係か。いずれにせよ、それを見た担任が目をむき、唾を飲み込んだ（唾、はウソ）。のちのホームルームで、かれは「高い望みをもつことはいいことだ」といった。おれのことだな、とわかった。それにしてもあれは「大志」でもなんでもなかったな。ただの高望み。

この世に生まれて七十四年にもなれば、もうこのように総括していいだろう。凡庸な人生だったな、と。ごくふつうの人生だったな、といってもいい（ここでも「ふつう」ってなんだよ、とめんどうくさいことはいわないようお願いしたい）。

そう総括したからといって、悲しくもうれしくもない。事実だからである。事実だが、最初から「凡庸」な人生や「ふつう」の人生を目指したのではない。目立たず、しかし自由に、自分の好きなように生きたいと思った結果こうなったのである。だれに文句をいう筋合いでもない。

考えてみると、わたしは人生に多くを望んだ記憶がない。物欲が少ないと書いたが、なにしろ欲しくてたまらなかったものがドーナツ盤のレコードだったのだから。いや、もうひとつ思い出した。

もう四十年前になる。テレビから、トーヨータイヤのCMで、ハミング（？）だけのメロディが流れてきて、心に電気が走ったのである。これはだれが歌ってるんだ？なんという曲だ？と思い、その日から探しまくった。これが寺尾聰の「SHADOW CITY」という曲で、アルバム『Reflections』に収録された。即買ったことはいうまでもない。

他愛のない話で申し訳ない。わたしはこんな男なのだ。物以外で、望んだことは、船乗り（マドロスか）になりたくて商船高校を受けたこと、世界一周自転車旅行に行きたかったこと、通信出版関係に就職したかったこと、あとは、少しのちのことになるが、なにかを書いて吉本隆明さんに会いたいと思ったことだ。家庭をもつ気はまったくなかった。もてるだろうとも思わなかった。これは思い通りにならず、もってしまったが。思いどおりになる人生が、いいことばかりとはいえない。

建築家も船乗りも通信出版関係もまったく本気ではなかった。愚か者がよくやるように、ただボーッと夢想しただけである。それが証拠に、なれなくてもまったく後悔がない。むしろなれなくてよかったとさえ思っている。なにかを書いて、ということは僥倖にも実現し、海外旅行も小さい形で実現し、吉本さんともお会いすることができた。いずれもうれしいことではあったが、やったぞという気持ちはない。人生上の大事なことではあったが、それだけのことだといえばそうである。

結局わたしが望んだことは（はっきりと意識したわけではない）、人を侵さず、人に侵されず、自由に、好きに生きていきたい、ということだったのだろうと思う。いまもそうである。そしてそういうことなら、たとえ凡庸で、ふつうで、並みで、可（優・良ではない）な人生だったとしても、わたしは満足していいのである。バカボンのパパのように、実際に「これでいいのだ」と思い、これでよかったのだと思っている。そしてこれは世界の九十九パーセントの人がそのようにして生きている普遍的な生き方ではないのかと思う。

求めるのは心の平安

歳をとってから、とみに望みが単純になってきた。歳をとると判で押したように、やたら西行や鴨長明や良寛や兼好法師や芭蕉や山頭火や尾崎放哉などの隠棲・漂泊・俳句・短歌系の有名人に魅かれがちである。またかとわざとらしいが、わたしもそのひとりである。もう暑苦しいのはごめんなのだ。けれどかれらに魅かれる年寄りの心情は、意外に純情なものがあるのだ。わたしにも、ある。そのなかでも、鴨長明の生き方や考え方が一番身に染みるようになった。

鴨長明は『方丈記』のなかで、自然元素に馴染み、それらを楽しんでいる記述をしている。

春は藤の花が目に映る。その藤波が、阿弥陀来迎の紫の雲のように西の方を彩る。夏は、ほととぎすの声が聞こえる。鳴き声を聞くたびに、死出の山路のことを思い、そのときが来たらよろしく頼む、という気持ちになる。秋は、ひぐらしの声があたりいっぱいに聞こえる。(略)冬は、雪をしみじみと楽しむ。雪が積もり、やがて消えていく様子は、人間の罪障にもたとえられそうだ。

(鴨長明・蜂飼耳訳『方丈記』光文社古典新訳文庫)

長明の独居は自然に囲まれている。「春は桜を、秋なら紅葉を求める」「夜、静かなら、窓の月を眺めてすでに亡くなった昔の友を思い出し、あたりに響く猿の声を聞いて涙す」「山鳥がほろほろと鳴くのを聞いて、あれは父か母かと思ったり」「梟の声がすればしみじみと聞き入り、山中の風光をそのときどきで味わう。その楽しみは尽きることがない」。この「その楽しみは尽きることがない」の原文は「折につけてつくる事なし」である。

またかれには十歳の少年の友だちがいた。かれとの交流は人間元素による付き合いだったと思われるが、六十歳の長明はその少年との散策を楽しみにした。「茅花《つばな》の穂を抜いたり、岩梨をもいだり、ぬかごを取ったり、芹を摘んだりする」「落穂を拾って、穂組を作る」「山の上に登って、遠く故郷の空を眺める」「風光明媚な地は、個人の所有物ではないので、いくらでも楽しむことができる」。この最後の部分の原文は「心をなぐさむるにさはりなし」である。

長明は自然元素と人間元素に癒やされている。年老いた長明にとっての望みはなんだったのだろうか。原文で示すと、長明はこういうことを望んだ。最後の一行が大事だ。「寄居《かむろ》は小さき貝を好む。これ事知れるによりてなり。みさごはあらいそにゐる、すなはち人をおそるゝがゆゑなり。われまたかくのごとし。事を知り、世を知れゝば、ねがはず、わしらず。たゞしづかなるを望《のぞみ》とし、憂《うれ》へ無きをたのしみとす」

蜂飼耳氏の現代語訳ではこうである。「やどかりは、小さな貝を好む。そのほうがよいと知っているのだ。みさごという鳥は荒磯に棲む。それは、人間を恐れるからだ。私もまたそれと同じだ。世間に近く住むことがどういうことか、どうなるか、すでに知っているから、もう何かを望むこともないし、あくせくすることもない。ただ、静かに暮らすことだけを考え、余計な心配のないことそのものを楽しんでいる」

すなわち長明が心から望んだのは、「たゞしづかなる」こと、それに「憂《うれ》へ無きをたのしみ」とすることである。わたしの現在もまた、わたし自身のことだけでなく、親愛なる者たちのことも含めて、「しづかなる」こと、「憂へ無き」ことを願うのみである。もうそれだけでいい（しかしそれがいかに困難なことか）。艱難《かんなん》汝を玉にす、というが、いまさらもう艱難は要らない。もう玉にならなくてもいい。

鴨長明はまた「何事につけても、生きていくことが容易ではない世の中」といっている。また「人間のすることは、みんな愚かだ」ともいっている。鴨長明が『方丈記』を書いたのは五十八歳のときとされる。亡くなったのは六十二歳のときだ。長明が生きた時代（一一五五―一二一六）は、大火、竜巻、飢饉、保元の乱、平治の乱、平家の滅亡があり、いまとは比べようもないほど、生きることは困難だっただろう。長明もよく無事でいられたものだ。

心の平安を乱すものには、外部が原因のものと、内部が原因のもののふたつがある。外部とは他人との人間関係のことである。これには運不運がある。へんなやつと関わりをもったら災難である。相手を変えようとするのは大変だから、自分が変わってしまえばいい、と単純なことをいう人がいるが、それも時と場合による。それに自分が変わるのだって大変である。

平安を脅かす内部のものに、健康とお金の問題がある。ちょっと前、「人生100年」とか「100年ライフ」という言葉が流行って、マスコミで持てはやされたことがある。最近、聞かない。コロナの影響かどうか知らない。マスコミによって一時的に熱に浮かされた現象だったのか、それともまさかとは思うが、ある程度定着して落ち着いたということなのか。そういえばある壮年の俳優が、「いまは人生100年時代だしねえ」と当然のことみたいに話しているのを聞いたときは鼻白んだものだ。

まあどっちでもいいが、ふつうに八十年を生きていくだけでも大変なのに、一〇〇歳の人口が多少増えたからといって（二〇二〇年に八万人を超えた）、だれもかれもが一〇〇年生きると考えるのはばかげたことである。みんな一〇〇メートルを一分くらいで走れて、腕立て伏せなら五回くらいできる心身強健な一〇〇歳をイメージしているのである。そんなことあるわけがないのである。

白内障でわかった「白」のすごさ

日々の平安も、わたしがとりあえず健康だからである。わたしは手が動き、歩け、食べることができる。ものを見ることができ、聞くことができる。「身体元素」になんの障害もないがゆえに、日々の平安が保たれているのだ。これらのどの機能が失われるとどうなるか、なってみなくてはわからないが、あまり自信はない。

随分と前のことだが、一瞬、耳が聞こえなくなるのか？　と少し焦ったことはある。二〇一二年に突発性難聴になったときである。

ロンドン・オリンピックを見て、さあ寝るかと朝六時にヘッドフォンを外したときに、突然右耳が聞こえなくなったのだ。それが八月十日の金曜日だった。医者に行くのがめんどうくさくて、このまま右耳が聞こえなくなってもいいかと一瞬思ったのだが、それもなんだかなあと思い、当日の十時頃耳鼻科に行った。それが突発性難聴という診断で、薬をもらい飲んだら、いきなりその日のうちに九割以上回復した、そのまま飲みつづけ二十二日には完治した。なかには一年以上長引く人もいると聞く。こじれるとけっこう難しい病気のようだが、幸運だった。

白内障の手術をした人は多いだろう。わたしの父親もやった。しかしわたしは自分が白内障の手術をすることになるとはまったく考えていなかった。近眼で長年、テレビを見るときは眼鏡をかけていたが、七十前頃からテレビがよく見えなくなったのである。こりゃちょっと死活問題だ。こんな歳になっても度は進むのかと思ったが、しかたないので、新しい眼鏡を買おうと眼鏡屋に行ったのである。ところが係のおじさんに、われわれでは度数を決めることができないので、眼科で見てもらい度数を決めてもらってください、と予想外なことをいわれたのである。

え、どういうこっちゃと思ったものの、これまたしかたないから駅前の眼科に行った。けっこうなおばあちゃん先生が出てきたので、え？　大丈夫か、最新知識は怠りなく学んでいるのか？　と思ったが、診察は進行し、機械で検査をしている途中で、その先生が小声で「緑内障じゃないといいけど」とつぶやいたのである。

ん？　緑内障？　白内障より重度で、下手をすると失明の恐れもあるというあれか？　と、一瞬焦ったが、結果、白内障と判明しホッとした。で、やおら赤ちゃんの水晶体の資料写真とわたしの水晶体の写真を見せられ、いかに自分の水晶体が黄濁しているかをつきつけられたわけである。

そこでおばあちゃん先生はおっしゃった。「まあ、あなたがいまのままでいいや、というのなら手術せずにほっておいてもかまわないけどね」。え？（うるさいなこの、え？）おれさえよければ手術しなくて放置してもいいわけか。と思っていると、先生の忠告にはまだつづきがあった。「わたしなら手術するけどね、フェルメールの青をこの目で見たいからね。いつかかならず見に行くよ」。やかましいわ。まさか町の眼科の一室で、「フェルメール」という言葉を聞かされるとは思わなかった。いっちゃ悪いが先生、わたしはオランダのハーグでフェルメールの原画を見たことがあるからね、といってやろうかと思ったが、やめといた。

それで先生からは、ここでは手術できないが、もし手術をする気があるのならと、二、三駅先の眼科を紹介されたのだが、ちょっと遠いなとめんどくさくなってほっておいたのである。それで一年ほど経った頃、あまりにも見えなくなったので、こりゃいかんなと近所にある別の眼科に行ったのである。

とんとん拍子に話が進み（こういうときに、とんとん拍子というのか？）、手術の内容と日取りが決まったのである。レンズの種類によって裸眼で見えるようにする手術と、眼鏡をかけていまと同程度に見えるような手術があり、あとは焦点を合わせるのを遠くにするか近くにするか、があり、わたしは保険が利く手術で、眼鏡をかけていまと同程度の視力になるものを選んだ。

眼科に行くまでは、目の手術とはどういうふうにやるんだろう、と心配だった。メスで眼球を切るのだろうが、いったい麻酔はどうするのか？　麻酔液が入った注射針を眼球に突き刺すのか？　無理だ。もしそうなら、そのための麻酔が必要ではないか、などと考えたのだが、麻酔は目薬でするのだと聞き、ああなるほど、とこのじじいは安心したのである。手術時間も十分程度と知り、これも一安心。なにしろ手術をするのは、幼稚園のときに車に右足を轢かれて以来である。事実上、生まれてはじめてといっていい。脳梗塞でも手術はしていない。

それで昨年（二〇二〇年）の三月、七十二歳のときに手術をした。最初に右目を、一週間おいて左目をした。痛くはないと聞いていた。たしかに痛くはないのだが、なんか目の隅にグーーッとなにかを押し付けられるような重苦しさが少しある。しかし人間はすごいことをするものだ、と思うが、白内障手術などは簡単な手術に属するのだろう。脳を開いて血管を切ったり縫ったりするのに比べれば、易しいのだろうが、それにしてもすごい。目を切るなど、素人には信じられない。

まあここまでは前振りである。驚いたことは、眼帯がとれて右目で世界を見たとき、たとえば看板の「白」があまりにも「真っ白」だったことである。まだ手術前の左目で見ると、黄色に見え、右目と左目を交互にパチパチしてみたところ、まさに一目瞭然。「エエッ、白はこんなに真っ白だったのか!」。まさに純白。それまで白色と思って見ていたのは、黄色だったのである（赤ちゃんの透明な水晶体とわたしの濁った水晶体!）。自分の目で見たものは真実ではない、と思った。臭いも味も真実などない。

おばあちゃん先生が「フェルメールの青」といった意味が、少しわかった。自分の見ている色は正しい色ではないということだ。とはいえ、なにがほんとうの青かといったら、だれもわからないということになるのだが、まあそんな細かいことはいいか。わたしはそこまで厳密に生きているわけではない。

養老孟司さんは、白内障手術をしてよかったといっている。わたしもそうである。手術後、毎月一回、通院した。まる一年経った今年の三月に終わった。二、三駅先の眼科にかからなくてよかった。通院するのに余計な時間と交通費がかかり、けっこうめんどうなことになるところだった。

健康一番、お金は二番とわかってはいるが

見栄をはったりしなければ、やはり健康一番、お金は二番ということは、大方の賛成を得られるだろうと思われる。とくに老後はそうであろう。若いときなら騎虎の勢いで、あるいは豪快ぶって、そんなことはなんとかなると振り切ることができなくもないが、歳をとってからでは、もういけない。健康も金もどうにもならん、ということを知り尽くしているからである。

わたしが希望する静かで平安な暮らしも、その前提は健康であることであり、またふつうに暮らせるだけのお金があることである（あり余る金は必要としていない。ギリギリでもいい）。本書で書いていることは、健康がひどく損なわれたり、経済的に逼迫しているということを前提にはしていない。もちろん、人生にはなんでもありうるから、認知症にならないとかその他の疾患にもかからない保証はないとわかっている。この先が大丈夫とはとてもいえないが、いまのそこそこ満足な状態を前提としてこの先の

ことを考えるほかはない。

ただ健康やお金の重要性がわかっているからといって、ではそのことについて、なにができるかというとなにもできないのである。健康を維持する方法は、食事に気を付けるとか運動をするなどいくつかあるし、そんなことくらいは知っている。だがそれで大丈夫かといえば、心もとない。特段なにをやっているわけではない。いろいろなサプリメントは飲まない。

また、お金がないのもどうにもならない。ないものは、ないのである。しかたがない。おれはあるよ、という人はいいのだ。お金が大事だとはわかっていても、わたしはお金を増やす運用の仕方を知っているわけではない。それに増やすといっても、確実に増える保証はない。減ることだってある。

要するに、歳をとってから健康とお金が大事だといっても、もう遅すぎるのである。六十、七十になって、劇的に健康になるとか、劇的に大金が入ってくる、ということはない。とするなら、いまあるだけの健康とお金、つまり手持ちの健康と手持ちのお金を算段して行けるとこまで行くしかないのである。わたしの友人に、年間二〇〇万円あれば生きていけると豪語する人がいる。たしかにかれならやるだろうが、それならおれんところは一六〇万円で頑張るわ、とやるしかないのである。

よくテレビ番組で「認知症にならない食材」とかやっている。「認知症」にかぎらず、テレビの家庭の医学番組は見る。まるっきりウソではないだろうが、テレビはどこまで行ってもテレビで、不安は大げさに騒ぎ立て、効能は微々たるものでも大きくいう。悪くなる可能性も良くなる可能性も、ただの可能性だから、どんなに大げさに吹聴しても責任を負うことにはならないのである。わたしもばかいってんじゃないよ、とかいいながら見ている。あれは医学バラエティである。

わたしは認知症になるつもりはないが、もしなったら、和田秀樹方式でいければいいかなと思っている。和田氏は八十歳の半数がボケるといっている（そうかね）。もうだれがボケるかわからない。「だとすると、幸せなボケ」を目指そう、というのである。「ボケてもいい、幸せな人生で終わりたい」と。

さらにこうもいっている。「『やらなければならない』という義務感」は捨てて、「『これからは、楽しいことを優先させよう』という価値観に変えること」（和田秀樹『自分が高齢になるということ』新講社、以下同）。ちょっと楽観が過ぎるようだが、はたして「幸せなボケ」は可能なのか。ボケても自分の理性的な意志は保てるものなのか。

和田方式、ちょっと頭でっかちな気がしないこともない。

一九六〇年の平均寿命は女が七十歳、男が六十五歳だった。「平均寿命が短かった時代には、男性も女性も認知症になる前に死んでいたということです」。だが現在はちがう。「認知症は数ある老いの姿の中の一つにすぎ」ないと楽観的に考えること、それに「早い時期に認知症とわかれば、薬でその進行を遅らせることができます」。もし認知症だとわかっても「1日1日を楽しむことです。閉じこもらずに、人と会ったり美味しいものを食べたりきれいな風景を眺めたりすることです」。

その反面、ボケると「脳の老化はまず、前頭葉の機能低下となって表れます。感情をうまくコントロールできなくなって、怒りっぽくなったり頑固になったりする」。それに「ボケても感情は失われ」ないし、「認知症になってもプライド」はあるから、「怒りや不安の感情に満たされ」ることになる。これはプライドというより、ただ自分が否定されることへの苛立ちや反発であろう。

和田氏はこういう例も紹介している。ある人が定年になって駅前の居酒屋に行くようになった、「大学生からおじいちゃんまで、年齢層が広い。ブルーカラーもいれば商店の主人もいるし、学校の先生とかお坊さんもいたりする。いったい何をやっているのかわからない人も多いし、若い女性のグループだっている」。そこで「親しくなった若者数人とゴルフに出かける約束をしてしまった」。すると、「若い世代の友人や知人がいると、思いがけない世界が開けてきます」。

高齢になってもこういう交流や社交がないとはいわない。しかしわたしはいまさら「思いがけない世界が開け」なくてもいい。この歳になって交際を広げるなど、冗談じゃないのである。これは調子がよすぎる社交、頭で考えた社交である。いくらでも都合のいい作り話はできるのである。

「人間元素」を大事にするのは人間だが、それを破壊するのも人間である。破壊しないまでも、不快にする人間ならいくらでもいるのだ。「CMとまったく違う社風です」（大阪　ださい治）ということはありふれており、「ロクなことない『親友だよな』」（安曇野　荻笑）というのもよくある社交である（いずれも「仲畑流万能川柳」『毎日新聞』二〇二一・八・二十三　朝刊）。人間も会社も見かけによらないのである。

認知症も人さまざまである。なってみなければ、和田氏のいうような幸福な認知症生活が可能かどうか、わからないようである。なる前から取り越し不安を抱えてもしかたがないが、もしなったとしても、自分の努力や周囲の人の理解・協力によって、生き方を変えることができるかもしれない。

認知症に治療薬ができたと、なにかで読んだ。「アデュカヌマブ」という薬がアメリカで承認されたらしい。アルツハイマー型の認知症に画期的な効果があるといわれる。しかし費用も高額で一年間使いつづけると六一〇万円かかり、三年間つづけると一八三〇万円。日本で承認されれば保険適用になるといわれるが、いつ承認されるかも不明で、現時点ではまだなんともいえない。どうせわたしらには関係がなさそうだ。おととい来やがれ、の類の話である。

歳をとって病気になると、生きること自体が仕事になる

二〇一九年度、脳梗塞になった人は約二十万人、そのうち死亡が六万人、後遺症が残った人が十万人、回復した人が四万人となっている（NHK『チョイス＠病気になったとき「脳梗塞　最新治療情報」』二〇二一・四・三）。わたしは幸いにも身体の麻痺とか言語障害といった大きな後遺症はない。回復した四万人（二十パーセント）のなかに入っ

ていたとは、幸運だった。一歩間違えば、かなり危なかったのだ。

しかし脳梗塞からすでに三年になるが、時間の経過とともに、どうも以前とちがうなあと思う身体の小さな異変を感じている。ひとつは味覚である。前はうまいと思っていたもので嫌いになったものがある。いや、好きなものは好きなまま、というもののほうが多いのだが、たとえばきのこ類（とくにしめじ）、出汁の甘い匂い、魚の干物などがいけない。臭いが嫌なのだが、これは我慢するしかない。

あと、声がかすれがちである。どうも喉に難があるようだ。水を飲みにくいし、むせやすい。また階段を下りるときに、足が交互にスムーズに出ない。以前はタタタッと下りることができたのに。身体のバランスが崩れている。片足立ちをすると覿《てき》面《めん》、バランスを崩してしまうのだ。だから蹲踞《そんきょ》の形がとれない、真っすぐ歩こうとするが左右に小さく逸れる。こんなことになるとは考えもしなかった。これらはたぶん脳梗塞の小さな後遺症だろうと思っている。それ以外に異変の原因となるものが思いあたらないからだ（まあ老化ということはあろう）。

毎日、血圧を測り、薬を飲みつづける。二ヵ月に一回、脳神経外科に通う。全然、苦痛ではないが、これが死ぬまでつづく。生きるためにやっているのだという意識はある。生活のリズムは、ほぼ毎日徹夜で、朝まで起きていることは以前と変わらない。なにをしているということもなく、もう習慣化しているのである。ここまで大丈夫だったから、この先も大丈夫だろうと思っているが、甘いか。

七十歳を過ぎて一回脳梗塞などをやると、生きるということ自体が仕事のようになってくる。健康最優先という意識がある。悪くても現状維持を保ちたいし、これ以上悪化させたくはない。タバコは二年前にきっぱりやめた。さらに「なにが楽しくて……」という男になってしまった。

わたしはほぼ毎夜、ラーメンやチャーハンをつくったりして、ふつうに一食分平気で夜食を食べていた。菓子類もだらだらと食べたりしていた。癖になるのだ。どうもボテ腹だな、とは気づいていた。それである日測ってみたら74・8kgあったのである。まずいな、どんどんデブになるぞ、と思い、六月下旬の夏の日の夜から、夜食を一切食べることをやめた。デブのじじいは自分に許せない（太っている人、すみません、自分のことですから）。それでも中々落ちない。簡単な腹筋運動も取り入れた。二ヵ月で71・4kgに落ちた。この先、67、68kgになるまでつづける。

あとは塩分が問題である。脳梗塞になって以後、血液検査でCREの値（クレアチニン値）が正常値を超えるようになった。検査結果表に「赤」マークが立っていて、不吉である。端的には塩分の摂りすぎで、腎臓に害が出ているのである。それでできるだけ塩分（味噌も醤油も）を控えるようにしている。前はモノを買うときに塩分表示など見たためしがなかったのに、いまではおにぎりをひっくり返して見ている。

これまでの七十年間、塩分の摂りすぎなど考えたこともなかった。なぜＣＲＥの値が上がったのか原因がわからない。しかし一旦ＣＲＥ値が悪化すると、もう改善することはないらしく、できるだけ進行を抑えるしかない。ある数値以上になると、人工透析をせざるをえなくなるというので、それは嫌である。塩分が多い焼きそばをワシワシ食べ、喫茶店のミックスサンドに、平気で塩を振りかけていた頃が懐かしい。

「生きているだけで楽しい」とはいっても、いうまでもなく、毎日が楽しいことばかりではない。あたりまえである。だからそれはいい。それが今年あたりから、それもここ何ヵ月か、二週に一回ぐらい、眠りから覚めようとする時間に、ああ、また起きるのか、生きるのがめんどうだなあ、と思うようになった。ようするに、ただ起きるのがしんどいということであり、目覚めがすっきりしないのだ。

ただの寝不足からくる不快感なのか。どうも熟睡したという気がしないのである。

なんかめんどくせえなあ、とか、なんもする気がせんなあ、という気分である。で、すぐ起きずにぐずぐずする。起きても、気分がいっこうに前向きにならず、また横になったりする。そのまま夕方まで寝てしまうこともある。それで起きたらあれをしよう、これをしようと考えていたことが（どっちみち大したことじゃない）だめになり、一日が台無しである。

性格もあるのだろう。わたしは生来めんどくさがりである。それでもこれではイカンと、昼前に無理に起きる。日によって体調も気分もちがう。だらしなくて申し訳ない。その後、自転車で出かける。が、だるい。気分が乗らない。二時間ほどあちこちを回っていると、やっと体が起きてくる。気分も戻ってくる。それで、だるいのは体が起きてなかったのだということに気づく。体が完全に起きるまでに、早いときは二時間ほどで戻るが、不調な場合は四時間ほどかかる。

体の調子がいいときは、またあとで触れることになるが、よし歩くぞ！　と気合が入ったものだ。そういう絶好調な日もあるのだ。そしてそういうときなのだ、いやいや生きていることは楽しいゾ、と実感するのは。声に出していってみたくもなる。「ただ生きているだけで楽しい」は、あきらかに体調のグラデーションに左右されるのである。やはりなにはなくても、健康が一番である。

自分の死、人の死

自分の死は世界から見れば、砂粒みたいなちっぽけな死でしかないが、わたしにとっては世界の消滅である。と以前は考え、自分の死は人生最大の痛恨事であろうと思っていた。ようするにこの世最大の大事件、と思っていたのだが、最近そうでもないのではないか、と思うようになった。人生最大の痛恨事もへちまもないのだ、死ぬんだから。自分の死などわたしにとっては、何億、何十億人の死とおなじように、ただの死、ありふれた死のひとつにすぎない。

母の死、父の死、兄の死（この順番で亡くなった）は、わたしにとっては何事かであった。母と父とは最期の日々はほとんど話していない。二人とも入院していたが、ほぼ眠ったままの感じで逝ってしまった（父の死に目には会えていない）。兄の場合、昼前に人と会うため出かけ、銀座の路上で倒れた。その晩、病院で遺体の兄と対面した。三人ともじつにあっけない死を死んだという印象である。わたしの死もまったくそんな感じであるしかない。

しかしかれらの死は、何事かではあった。悲しいというより、堪えた。いまでも時々思い出し、あれこれ考えることがある。結局、わたしにとって感情を揺さぶられる死は、まずは肉親である。友人知人の場合も、考える。親戚で気になる人もいる。会ったことがない人でも、たとえば報道で知る幼児の虐待死や少年少女の自殺は、ほんとうは知りたくないのに、無視することができない。

だが世の中には、わたしが知ることのない無数の死がある。戦争、疫病、災害で無数の人が亡くなっているのである。死ぬ心の準備も、予想もなしに、いきなり殺される無数の無念の死がどれほどあることか。ある小説のなかに、スウェーデンの地方警察の六十歳になる刑事がこのように考える場面がある。「死は殴るのだ、と彼は思った。容赦ない力で思いっきり殴りかかってくるのだ」（ヘニング・マンケル『苦悩する男（上）』創元推理文庫）。死の暴力性と物理的な衝撃性を表していて、そのとおりだと思う。自分が死ぬとわかったときはたしかに衝撃だろうが、死そのものは殴られはしない。人の死だけが殴って来るのだ。

「ただ生きているだけで楽しい」というのは、ある意味では能天気な言葉である。だが、ある種の人間にとっては真実でもある考えが、別の場面（他の人）では、まったく通用しない状態というのはつねにある。

元々「楽しい」という感情は脆弱《ぜいじゃく》で短命な感情である。それはひとつの不安、ひとつの心配事に簡単に揺さぶられる。ましてや絶望の前にはひとたまりもない。少年少女だけでなく、自殺する人の心情はつらい。かれらはどれだけ考え、どれだけ逡巡したことか。どれだけ生きたかったことか。わたしはその人たちに同情する。

結局、わたし自身の死はたいしたことない。みんなの死とおなじである。だれかにとっては、少しは何事かであるにしても、ただの死である。死ぬときは、あっけなく死ぬ。わたしの心が感情的になる人の死が、わたしにとっては何事かである。かれらの死だけが死であり、わたしに死の意味を考えさせる。むろん、考えてわかるものではない。死について考えることの一切が無駄である。亡くなった大切な人とのしあわせだった時間が、わたしの「心の元素」として残ればいい。

小林武彦氏の『生物はなぜ死ぬのか』（講談社現代新書）を読んでいたらおもしろいデータを知った。つい書き留めた。

旧石器〜縄文時代（二五〇〇〇年前以前）、日本人の平均寿命は13〜15歳だったという。

全人口は10万〜30万人。弥生時代は平均寿命が20歳、人口は60万人。平安時代は平均寿命が31歳、人口は700万人。室町時代は平均寿命が下がって16歳である。江戸時代は38歳。明治・大正は女44歳、男43歳である。二〇一九年、女は87歳、男は81歳。二〇二〇年に100歳以上の日本人は8万人を超えた。しかし115歳を超えた日本人はこれまで11人だけで、全世界でも50人に満たない。ヒトの最大寿命は115歳くらいが限界といわれる。

なんの役に立つのか知らないが、このデータがおもしろい。とくに旧石器〜縄文時代の日本人の平均寿命が13〜15歳という推測が気に入った。わたしたちは現在、この日本人の歴史の最末端にいるのである。そこでわたしたち一人ひとりが、どんな死を迎えることになるか、不平や文句をいってもはじまらない。いや文句や不満をいってもいいし、後悔したくないといってもいいし、死にたくないと騒いでもいいが、それでも最後の最後は、なるようにしかならないのである。

ついでにいっておくと、日本人の死因の一位は「がん」、二位が「心疾患、なかでも多いのは虚血性心疾患（心筋梗塞や狭心症）」で、これはいずれも血管の老化が原因。三位は「老衰」、四位は「脳血管疾患」で、これも血管の老化。五位は「肺炎」で、これも老化による免疫機能低下による。つまり小林氏は「老化が主な原因となる3疾病や老衰、肺炎で約7割の方が亡くなっています。ヒトが死ぬ理由は、つまり老化なのです」といっている。結果、「ヒトを含むほとんどの生き物は、『死ぬようにプログラム』されて」いる、ということだ。

老化研究が進んで、たとえ人間がどんなに長生きするようになっても、「死の恐怖」はなくならない、と小林氏はいう。「…この恐怖から逃れる方法はありません。この恐怖は、ヒトが『共感力』を身につけ、集団を大切にし、他者との繋がりにより生き残ってきた証なのです」。氏はこの「共感力」が「何よりも重要」だという。

そしてさらにこういっている。「ヒトは、喜びを分かち合うこと、自分の感覚を肯定してもらうことで幸福感を得ます。美味しい料理を二人で食べて『美味しいね』と言うだけで、さらに美味しく感じられるのがヒトなのです。そしてこの共感力はヒトとヒトの『絆』となり、社会全体をまとめる骨格となります」

けれど、これも人それぞれだろうが、わたしに死の恐怖はない。料理は二人で食べるとなおうまい、ということもない。そんなことあるはずがない。

わたしにとって死は恐怖でなく、「嫌だな」と感じるものだ。先に引用したスウェーデンの刑事がこうもいっている。「五十歳になるまで、彼は死に対して漠然とした恐怖を抱いていた。それは一度死んだらそれからずっと死んでいなければならないという恐怖だった」。この恐怖ならわかる。だが正しくは、この死も「嫌」なのだ。「ずっと死んで」いるなんて嫌ではないか。ずっと暗く冷たいのとおなじである。だが、この刑事もわたしとおなじで、自分がすでに死んでいることを忘れている。

第3章

ワクワク自転車、ウキウキ歩き

自転車は年寄りに最適の乗り物

わたしはあらゆる乗り物のなかで、自転車が一番好きである。会社に勤めていたときは、週末に乗っていただけだが、定年退職後は十三年間、歩く日以外はほぼ毎日乗っている。自転車は気楽で手軽で、すぐのんびりしたがるわたしの性格に一番合った乗り物のような気がする。威張っていない。自分のそのときの気分や体調に応じて、テレテレ走行から疾走まで、走り方を調整できるところもいい。おまけに、ひとりになれる。「人間に一番近い乗り物」といわれる所以であろう。

といっても、ちっとも本格的ではない。わたしが乗っている自転車は、前かごのついた無段変速の、ペダルの重いふつうの26インチの買い物自転車、俗に「ママチャリ」といわれるものである。わたしはこの呼称を好きではないのだが、以下不本意ながら、便宜上「ママチャリ」と呼ぶ。しかし考えてみればこの言葉は、意外に簡便な呼称でもある。

ＮＨＫ－ＢＳプレミアムで火野正平がやっている『にっぽん縦断こころ旅』の

「チャリオ」みたいな名前はない。名無しの権兵衛の、ただのママチャリ。しかし愛着はある。あちらはイタリア製のウン十万円もするロードレーサー（らしいの）だが、こちらのはそのへんのホームセンターで売っていた一万円弱の安物である。またよく見つけたね。当然変速装置はついていない。わたしは生まれてこのかた、変速機がついている自転車に乗ったことがないのだ。

定年退職をする人のなかには、新たな趣味として、ロードレーサー（ドロップハンドルで軽量、極細のタイヤ）を買う人がいるようである。ウン万円からウン十万円するが、そういう人は金の心配のない人である。長年働いた自分へのご褒美なのか。そしてあの流線形のヘルメットをかぶり、カラフルなピチッとしたシャツ（多くは太鼓腹）とショートタイツみたいなものを穿き、本格的なのである。

かれら自転車おじさんたちは同好会みたいなものに入ったり、仲間とツーリングに行ったりしているのだろうか。わたしはあのヘルメットをかぶりたくないから、レーサーには魅かれない（とはいえどういうものなのか、一回くらいは乗ってみたい気はする）。どうせ町中を走るだけだから、高級車にも魅かれない。あの本格的な恰好が恥ずかしいし、市中を走るだけの用途ならママチャリで十分である。

退職するとき、退職後は毎日自転車に乗れば健康のためにもよかろうし、減量にもなるのではないかと考えた。甘かった。全然そんな役に立たなかったのである。おそらくそうなるためには、毎日ある程度の距離を一、二時間走るくらいの負荷をかければだめなのだろう。つまり一分あたり六十五〜七十五回転で一定時間持続して走るくらいのことをしないと一〇〇〇キロカロリーを減らすことは無理である。

それが十年以上、いつもサンダル履きで（現在はやめている）、走るのは主に市内だけ、しかもおばあさんの自転車にも追い抜かされるような、テレテレした走りでは、まったくなんの役にも立たないということがわかった（それどころか、逆に脚力が弱くなった気がする）。それで健康や減量といった虫のいい効果はあきらめたのだが、それでもなお自転車が好きな理由はいくつか挙げることができる。まず——

わたしが自転車に乗る理由

①なにより、自由である。一番はひとりで乗る自由である。次いで、基本、どんな細い道でも悪路でも走れる。どこでも駐めることができる。また用途が広く、近所の

コンビニや市内の図書館に行ったりする日常使いから、ちょっとした遠出、あるいはその気になれば日本一周までできる。ただし、わたしもしまなみ海道踏破とか四国八十八ヶ所巡りとか夢想するだけなら考えることもあるが、いまのところ具体的な計画はまったくない。しかしその可能性があるということが好ましい。

②外気を全身でじかに感じることができる。風を切りながら緩やかな長い坂を下るときの気持ちよさは、歳を忘れて、しかも普段は地味なくせに、思わず「ヒャッホーい」と歓声を上げたくなるほどの（上げないが）、自転車でなければ味わえない快感である。この感覚はバイクでも無理。

オフロードバイクにも数年乗ったことがあるが、もうこの歳になってはスピードが速すぎる。のんびりできない。それにヘルメットが無粋（バイクでは八ヶ岳の峠道で側溝に突っ込んだことがある。通りすがりのバイカーたちに助けられた。幸い無傷だった。わたしはけっこう幸運である）。

③人間（年寄り）に丁度いい速度である。プロは訓練して時速六十〜八十キロメートルを出すことができるが、素人にその必要はない。そのときの気分で、ぶらぶら漕ぎでもいいのである。また車のように、他車を意識することもない。比べたり、競走

したりすることもない。唯我独尊状態で走ることができる。

④それゆえ、事故を起こすことが少ない。起こしても軽傷。年寄りがスマホを見ながら運転したり、人混みの歩道をスピードを出して走ることなどほとんどありえないが、それでも油断することなく、よくよく自傷・他傷事故には注意しなければならない。それさえ気を付ければ、自転車のよさは最高に満喫できる。

⑤金がかからない。自転車の購入費用だけで、車のような維持費が不要。もちろん自転車もピンからキリまであるが、わたしみたいに見栄も関係なく消耗品と割り切って、キリの九五〇〇円を選んで問題ない（いまはこんな安価な自転車、さすがに見なくなった）。イレギュラーに生じるパンクの修理代やタイヤの交換は必要だが。空気穴のところにある「虫」交換は二〇〇円ほど。

もちろんいいことばかりではない。自転車の脆さや弱点は当然ある。まず①風雨に圧倒的に弱い。まだ雨だけならいい（その場合、傘をさす）。風がなければ少々降ってもいい。最悪は風である。風は一番の大敵である。②冬は寒く、夏は暑いことである。真夏の炎天下、こりゃあくそ暑いなあと思いながら漕いでたら、長袖の分厚い作業着を上下着て、公園の草取りをしている園芸会社の人たちを見て、心のなかで（ごめんなさい、こっちは遊んでいるだけなのに）とつぶやく。風雨といい寒暑といい、文句をいってもしかたのないことである。③それよりも、気を付けなければならないのは、自転車はバランスを崩すと倒れるということである。あたりまえだ。

ＮＨＫ－ＢＳの自転車番組『チャリダー★快汗！サイクルクリニック』をわたしは好きで見ているが、ママチャリでもサドルを高くすると乗りやすくなると教えられた。これが目から鱗の情報で、そのとおりに、サドルをハンドルの高さに上げてみると（六センチほど）、あきらかに乗りやすく快適になったのである。ペダルの踏み込みも強くなり、車体の重さも軽減された気がする。つまり以前にも増して、たかがママチャリのくせに、乗ることが格段に楽しくなったのである。

べつにママチャリごときで粋がっているのではない。だが、サドルを上げすぎると、止まるときにバランスを崩しがちである。そうでなくても年寄りはバランス感覚が鈍っている。接地はつま先が着くぐらいにするが、止まるときは注意をしなければならない。サドルを上げてから、わたしはこれまで公衆の面前で二回倒れたことがある。止まるつもりだったのだが、おっとっと、とバランスを崩し、そのままスローモーションのようにゆっくりと倒れていったのである。もう歳をとってからはあまり恥ずかしいということもなくなったが、要注意である。

伊藤礼の『大東京ぐるぐる自転車』

わたしは日々の生活で自転車に乗っているただのじいさんにすぎない。けれど自転車が好きだと、やはり自転車関係のことが気になる。『チャリダー★』を見るのもそのひとつである。YouTubeで中野浩一の世界自転車選手権のスプリント10連覇を見るのも好きだし、ツール・ド・フランスの番組があれば見る。新城幸也や別府史之の名前も知った。

ちなみに、ツールなどの自転車競技で気に入らないのは、基本、団体競技ということである。チームのエースを勝たせるために、ほかのメンバーはそのための犠牲になり助勢をするのである。そのなかでも一部、個人のレースもあるにはあるが、まあこんなところで不満をいってもはじまらない。

自転車が趣味だという芸能人も多い。安田大サーカスの団長、鶴見辰吾、元アリtoキリギリスの石井正則が有名である。本格的で高級な自転車を何台ももち、レースに出たりしている人もいる。たまにかれらのYouTubeも見る。芸人たちがワイワイいいながら金ならあるぜと、高級自転車や電動自転車を買うYouTubeもあるが、こちらはネタとしてやっているようであまり気持ちよくはない。以前、曽田正人の漫画『シャカリキ!』も読んだ（全十八巻）。純粋でいい。

作家・文芸評論家伊藤整の息子で、英米文学者の伊藤礼という人がいる。七十歳近くになって自転車に乗り始めたというのだが、その意味はどうやら、自転車に本格的に乗り始めたのが七十歳、ということらしい。それまでは、かれも「ジーパンを穿いて、買い物籠つきのママチャリ」（『こぐこぐ自転車』平凡社）に乗っていたどこにでもいる、フツーのおじいさんにすぎなかった。わたしとおなじだったのね。

そんなかれがある日、揃いの自転車用のウエアを着、ヘルメットをかぶった自転車乗りが数人一列に並んでいる姿を見たのである。礼さんは「圧倒的に向こうのほうが恰好よかった。品がよかったたし文化的だった」（同前）とショックを受けたのである。

ふーむ、そうかねえ。たぶん町のアマチュアチームかなんかだったのだろう。

わたしの町にもアマチュアの自転車チームがあるらしく、早朝、マクドナルドにいると、ユニフォームを着用した数人の自転車野郎たちが車道を疾駆しているのを見ることがある。何度も見るから周回コースにしているのだろう。いや、頑張っとるねえ、とは思うが、べつにかれらに憧れることはない。まして、その一員になりたいとは思わない（もし若かったとしても）。そりゃあ、「恰好」がいいのはそうだろう。こっちはどう見ても、くたびれたじいさんである。おなじ恰好をしたとしても無理。勝負にならない。

けれど伊藤礼氏はちがったのだ。それ以来、憑かれたように自転車にのめりこんだのである。徐々に本格的になっていった。そしてやがて『こぐこぐ自転車』（平凡社）、『自転車ぎこぎこ』（平凡社）、『大東京ぐるぐる自転車』（ちくま文庫）と次々自転車本を著すまでになったのである。題名がいいねえ。しかしママチャリ風の素朴な題名のわりに、礼氏本格的だったのである。

礼氏は最初の自転車を買ってから三年後には、早くも六台所有することになった。自転車雑誌を読みこんで知識を増やし、自転車仲間も増えた。自転車も増えた。台湾ジャイアント社のMR４F（十万円）、ルブリカント76（二万三〇〇〇円）、ダホン社のヘリオスSL（十五万八〇〇〇円）。この三台はいずれも小径輪の折り畳み自転車。あとの三つは、宮田のQuartz XLα、dioss自転車店の特製dioss号、クライン社の

ATTITUDE Vというものだが、書き写していてもわたしにはちんぷんかんぷんである。

七十四歳の頃には、北海道十日間、東北一週間、その他四国や北陸に行ったりと自転車旅行をしている（仲間たちと?）。当然、ヘルメットをかぶるようになった。ウエアの半ズボンも着用するようになったのだろうか（写真を掲載してくれればよかったのに）。もうかれの生活は自転車一色になってしまった。「日常生活においても、もう電車や自動車には乗らない。どこに行くにも自転車に乗っている。友人知人の葬式にも自転車で行く。自転車で転んで骨折したときも自転車で病院に行った」（『大東京ぐるぐる自転車』ちくま文庫）

ふつうのただのじいさんから秀でるためには、ここまでやる必要があるのだろう。礼さんが意図的に秀でようとしたわけではない。「好き」をつきつめていったら、こういうところにたどり着いただけである。つきつめたら、数年をかけて自転車世界一周をした人だっているのである。わたしも芭蕉の奥の細道自転車旅行などを夢見たことはある。しかしいまではそんな気はない。よくよくおもしろくない男だねえ、といわれるだろうが、日々の暮らしのなかで、ちょっとしたワクワク感が感じられれば、わたしはそれだけで十分である。

伊藤礼氏は今年八十八歳になる。まだ自転車に乗っているのだろうか。

新しい自転車に感動した

現在わたしが乗っている自転車は定年後、何台目になるのか？　たぶん三、四台目で、前の二、三台はいずれも盗られた。それでいまの自転車は安物だし、サビが出てボロボロなのだが、それでも駐輪するときは、ワイヤー錠をかける習慣がついた。人が見れば、そんな自転車にもカギをかけるんかい、といわれそうな代物だが、いくらボロ自転車でも失くなれば即、困るからである。

とはいえいまのママチャリも乗って何年目になるのか、相当ガタがきていて、昨年の夏頃、いずれ前後輪のどちらかのタイヤを交換しなければならなくなったときには、さすがに買い替えるしかないなと決心をした。ペダルを漕ぎ、数十メートル進むと、チェーンが外れて空踏みになるという事態（チェーンカバーで覆われているから推測）が頻繁に起きるようになったからである。すぐ直るのだが、横断歩道の中頃でそれになり、青が点滅してるときなど、危なっかしくてしょうがない。

それがあるとき、どういうわけか、まったく外れなくなったのである。ばかに調子がいいのだ。なんだよと残念な気持ち半分、まだ使えるからもう少しいいなとホッとした気分半分で、そのまま乗りつづけていたら、今度はサドルが前に傾くようになった。おかしいな、と思い、後ろに力を加えて矯正しようとしたら、サドルを支持していた鉄が折れて、前後にぐらぐらするようになってしまった。こりゃだめだ、潮時だなと思い、もう買う気まんまんで即、自転車を押して自転車屋に行きました。

ジャジャーン！　というほどではまったくないのだが、今年の四月、ついに前から目をつけていた新しい自転車を買いました。一文字ハンドル、6段変速、27インチ。買い物かごなし、泥除けなし。車体は鮮やかなオレンジ色。町の自転車屋の店頭に飾られていて、あれはいいなあとかねてから目をつけていたのである。

粋がったのでも、若作りの見栄えを意識したのでもない。その色が好きだったのである。派手かなとは思ったが、自動車から見たとき、自転車は目立ったほうがむしろいいということもある（それまで乗っていたママチャリがちょっとかわいそうだという気分もあった。随分世話になったな）。

一文字ハンドルはハンドル幅が狭く、ハンドル操作が最初はちょっと不安定なのだが、それも数時間乗れば慣れる。なにしろ自転車自体が軽い、ペダルも軽い。こんなに軽いのかと驚いた。変速機を使うのははじめてだったが、操作も簡単で、一段階ずつ速度に明確に差が出ることに感激してしまった。基本、4速と5速を使っている。両ブレーキも中指一本で柔らかく効く。サドルは上げすぎない。

価格は保険などすべてをいれて二万五〇〇〇円である。もっと高いものだと思ったでしょ？　この上のクラスは車体の材質や24段変速などによって、数十万円するものもあるが、わたしにはこれで十分である。

これがすいすい走るのだ。これほどまでにちがうものか。もういい歳をしてすっかり楽しくなってしまい（これは文字通り、楽しい）、一ヵ月ほど、町中を乗り回してしまった（その楽しさはいまでもつづいている）。そのため歩きの日課をさぼってしまった。まあしょうがないな。こっちのほうがより気分がいいんだから。

玉に瑕《きず》なのは、十五度ほど前傾した姿勢で、頭は垂直に起こすため、首筋が凝ることだ。もうひとつ。地面の凸凹の衝撃がモロ身体にくることだ。これはサドルから尻を浮かせて衝撃を逃がしてやるしかない。

逆にママチャリに感謝

『弱虫ペダル』という漫画がある。著者は渡辺航。主人公の小野田坂道が、小学校四年生の頃から、週一回、趣味のアニメのグッズを探すため、ママチャリで千葉から秋葉原まで往復九十キロを走り、いつのまにか尋常でない脚力をつけた少年に育つ。やがて高校生になったかれが、自転車競技にのめりこんでいくのだが、その過程が描かれていておもしろい。

そのなかにこのような場面がある。はじめてロードレーサーに乗ったときのシーンである。わたしは、これこれ、と膝を叩いた。

「軽い…!! 今まで乗ってた自転車の倍くらい軽い!! 進む 進む どんどん進む!! これが自転車の頂点… ロードレーサー!!」「楽しい!! なんだこの乗り物は… 乗ってるだけで楽しい… こいでるだけで… 進む…!! 今までの力で倍の距離を走る 坂も… カーブも思い通りに自転車が動く!!」（渡辺航『弱虫ペダル3』秋田書店）

わたしが買ったのはロードレーサーではないが（たぶんクロスバイク）、感じはまさにこのとおりである。「楽しい!!　なんだこの乗り物は…　乗ってるだけで楽しい…こいでるだけで…　進む…!!」である。それまで何年間も乗っていたのが、ペダルも車体もやたらに重たいママチャリだったから、余計感動が大きかったのだと思う。

街中を見渡せば、男子高校生はふつうにクロスバイクに乗っていて、なんら珍しいものではない。小中学生にも乗っている子がいる。しかしかれらは何年間もママチャリに乗った経験はなく、ほぼいきなりクロスバイクに乗っていると思われるから、わたしほど感激はないかもしれない。ふたつの時代を生きるといまの時代の善悪がわかるように、二世代の自転車に両方乗るということも悪いことばかりではない。わたしはあのママチャリに、よく走ってくれたなと感謝をしている。

夏目漱石、宮沢賢治、志賀直哉など作家たちの自転車エッセイを集めた『自転車に乗って』(河出書房新社)という本がある。そのなかに吉本隆明の「自転車哀歌」という文章も収められていて、「家人たちが新品の自転車を誕生祝いだといって贈ってくれた。(略)ペダルの重さにはなかなか馴染まず、新しい道は転び易い」とある。ペダルの重いのは困るが、まだ電動アシストがない時代だったのか。

しかし吉本さんはそれでもウキウキ感はあったようでこのように書いている。「はじめの頃はいい気になって上野の盛り場くらいまで出かけ」云々とあるが、この気持ちはよくわかる。わたしもこの「いい気になって」いる状態である。自転車に乗るだけで、こんな気持ちになるとは思わなかった。正真正銘「楽しい」という感覚である。「Fun」なのだ。

自転車でいいのは、ちょっとした遠い距離を楽に走れることである。錯覚なのだが、自分の力が拡張された気になる。そのことが楽しい。乗っている本人の気持ちに、速さもペダルの軽さもピタッと即応してくれるのだ。「自転車は人間の両足の能力を何倍にも拡大してくれる偉大な発明品である」(伊藤礼『大東京ぐるぐる自転車』)。そのとおりである。

わたしは自転車仲間を求めない。自転車雑誌を読まない。本格的な高価な自転車をまったく望まない。だからヘルメットをかぶる必要はない。キャップだけだ(これが風のある日は飛びそうで厄介)。半ズボンは穿かない。ジーパンである。長期の自転車旅行をしてみたいという気はあるが、実現しそうにはない。多くの人とおなじように、とりあえず町のなかを走るだけで満足である。せいぜいこの地域だけ。

わたしの場合、ほんとうは自転車優先ではなく、「歩き」優先でなければいけないのである。しかし昨年は新型コロナ禍騒ぎもあって、秋以降「歩き」がさぼりがちになってしまった。その影響か、最近、血圧が高めになってきたので、また「歩き」優先に戻さなければならないという気がしている。以前のように一週間を、歩き五日、自転車二日の生活に変えなければいけないだろう。しかし自転車二日に耐えられるかなあ。自転車だけで血圧が下がれば問題はないのだが。

いずれにせよ加齢とともに、やがて自転車のサドルを下げざるをえない日がくるだろう。そのあとは、自転車に乗ることができなくなる日がくるだろう。本を読めなくなる日がくるときは、わたしの気力が尽きる日か。自転車に乗ることができなくなる日は、体力の尽きる日か。しかしそんなことを考えてもしかたがない。まだ当分は大丈夫そうである。それまで自転車を楽しめばいい。

調子に乗って事故を起こしては最悪である。昼頃元気に出かけて、夜遺体で帰ってくるというようなことにはならないようにしたい。そうなっては元も子もない。雨の日はフード付きレインウエアを着るのだが、左右後方の確認がしにくくなる。自信がないときは停車して確認をする。そんなことで事故に遭いたくはない。

これまでに何回かこけたことがある（伊藤礼氏はわたしなど比べものにならないケガをし

ている)。五十代の頃、歩道に立っている鉄柱に正面衝突して、その勢いで後輪が持ち上がり、そのまま前方に一回転したことがある。派手なわりには無傷だった。夜道、また歩道の鉄柱にぶつかり転倒して、顔面をこすり、眼鏡を壊した。

ひどかったのは、歩道の段差に前輪をとられ、一瞬のうちに、地面にもんどりうって横倒しになったことである。多少スピードが出ていたのだ。胸を強打して苦しかった。呼吸するのも恐る恐るで、骨にヒビが入ったのではないかと思うくらい、痛みは一ヵ月ほどつづいた。が、まあ大丈夫だろうとほうっておいた。そのうち痛みは消滅した。やはり幸運だったのだ。

あわや大惨事

何回も触れて申し訳ないが、脳梗塞を患ってから高血圧対策のため、日々の「歩き」はわたしの必須の日課となった。それが昨年のコロナ騒ぎやなにやらで気が緩み、秋頃からついずるずるとさぼってしまったのである。それでも当初は血圧が上がることもなく、大丈夫そうだなと、調子に乗ってしまった。

今年、新年早々に出された新型コロナに対する緊急事態宣言にしても、二回目ともなると、本気なのは医療関係者だけで、都民・市民のみならず政治家も役人も、どうせ大したことはないだろうと高をくくってタガが緩んだ。それとおなじで、俗物のつねとはいえ、まあ多少、歩きをさぼっても大丈夫だろうと思ったのである。この気の緩みがほんとうに怖い。これまであれやこれやに関して、あのときちゃんとやっておけばよかったと後悔したことが、どれほどあったことか。いつも後悔ばかりの人生だった。

案じていたとおり、血圧が徐々に高くなり始めた。病状が軽微な病気ならともかく、これは命にかかわることで、取り返しがつかない（入院していたとき、一日中、パイプみたいなものを口にいれられて、眠りつづけていた患者の姿を、なにかというと思い出す）。これではいかんと反省し、今年から「歩き」を再開することにしたのである（とはいえ血圧の数値に関しては、なにやら医薬業界の陰謀が囁かれている。高血圧の数値を10上げるだけで、薬の売り上げが数十億円か数百億円上がる、というような）。

再開初日は、初日にしてはまずまずの一万五八九歩。一週間後には、再開記念にここで一発、豊臣秀吉の「中国大返し」ではないが、わたしが「市中大回り」と称しているコースを歩こうと意気込んだ。この市内外周コースは図書館や公園やショッピングセンターを結ぶコースとして設定しただけで、これまでまだ一度も歩いたことはないのである。おそらく三万歩を超えるだろう。

わたしの場合、ふつうの一歩は約七十五センチ、大股の一歩は七十八センチである（一〇〇メートルの歩数で調べた）。しかし、それを景気づけと、計算しやすいことから、勝手に一歩八十センチとしている。こんなものはだいたいでいいのである。それだと三万歩は、概算二十四キロ弱歩くことになる。闘志がわくではないか。

わたしの「歩き」は目標の距離を歩いたらさっさと帰るというやり方ではない。出かけたら途中、喫茶店で休憩したり、店で昼食を食べたりと、半日はかける。そのつもりで満を持して、当日の午後十二時に出発した。午後三時、一万四〇〇〇歩あたりまではなんの問題もなく快調だったのである。

ところがその後、急激に腹具合が悪くなり、午後四時、一万五九九四歩（約十三キロ）歩いたところで中止せざるをえなくなった。詳しく書くことは憚られるから書かないが、周りは田園地帯で店がなく、あわや大惨事になるとこだった、とだけいっておこう。満身の力を入れて我慢した。必死で公園を探した。死ぬかと思った。生まれてこのかた、こんなに焦ったことははじめてだった。ウォーキングをする人はコンビニ、店、公園などの場所を把握しておくことは必須である。これは自戒だが、あまり辺鄙《へんぴ》な所も歩かないこと。

ウォーキングは「8000歩／20分」+自己流で

わたしは歩くコースを六つもっている。三階建てのショッピングモール内を各階全往復する九二四六歩コースから、運動公園遠回り一万三七〇一歩コースまで、その全部が大体九〇〇〇から一万歩である。そのときの気分と体調によってどのコースにするかを決める。と自慢そうに聞こえないでもない書き方で書いているが、歩き方に関してわたしになんらかの確信があるわけではない。ただの素人である。しかし一応、青柳幸利氏の「8000歩／20分」を基本にしている。

東京都健康長寿医療センター研究所の運動科学研究室長の青柳幸利氏は、群馬県中之条町の六十五歳以上の住民五〇〇〇人の身体活動と病気予防について十五年以上調べた結果、歩行の仕方の質と量は、「8000歩／20分」が最善だと断言している。

つまり「1日の総歩行数は、8000歩、そのうちの20分が中強度の歩行。これが、『究極の生活習慣』である」ということだ（『やってはいけないウォーキング』SB新書）。

わたしはこの「8000歩／20分」を信頼している。ほかにこんな実験をして弾き出した数字はないからである。どういうことか。「鼻歌が出るくらいの」のんびりした歩行でも、競歩のように「会話ができないほど」の激しい歩行でもなく、「中強度の歩行」とは「なんとか会話ができる程度」の「速歩き」ということである。ようするに一日に歩く総距離は八〇〇〇歩がベストであり、その内の二十分だけ速足で歩くのである。

ただわたしは、この「なんとか会話ができる程度」の速さというのはどうも曖昧だなあ、と思ったのだが、そうか、こういうことは曖昧でいいのだ、と考え直した。たとえば一律に「一秒で二歩」とか決めてもしょうがない。人それぞれである。

だからわたしはこの「中強度の歩行」を「わたしにとっての大股と速足」と考え、それで二十分歩くことにしている。その結果、二十分で約二二〇〇歩になった。残りの五八〇〇歩は「わたしの通常の歩幅と速さ」で歩けばよいのだ。これがわたしの「8000歩／20分」である。ただ残りの五八〇〇歩にしても、調子がよければ、もうちょっとあの電柱まで、もうちょっとあの信号まで大股速足で歩こう、というインターバル歩行を繰り返すことがある。そのへんは、みんな自分のやり方で歩けばいいのではないか。

できるだけ大股で、というのは大事である。八十九歳で亡くなったわたしの父は、晩年の歩幅が十センチほどのよちよち歩きになってしまい、老人になるとこうなるのかと驚いた。食物を飲み込むことでさえ年寄りには大変なことであるように、年寄りがふつうの歩幅で歩くことがいかに大変か、ということがわかっているから、大股歩きはその予防である。

町の達人にどうしても追いつけない

そういう意識があるから、わたしは、自分の歩幅は大きく、速足もけっこう速いはずである、と思い込んでいた。ところが、その自信が粉々に砕かれるという経験をしたのである。市内に大きな川があり、その土手で一休みしていたとき、黒いキャップに黒ずくめの服装をした一五五センチくらいの小柄な女性が軽快な足取りで歩いてきた。顔は見えなかったが、齢は四十半ばくらいか。わたしは時々こういうことをするのだが（ヘンな意味ではない）、彼女のあとをついていってみようと思った。

ところが、どうしても差がちぢまらないのだ。小柄な彼女のピッチ（歩数）に、「わたしなりの大股と速足」がまったく歯が立たなかったのである。四〇〇メートルほどあとを必死で追ったが、橋のところでついにあきらめた。へとへとだった。

しかし彼女はそのまま涼しい顔（？）をして、橋を渡り、スピードをいささかも落とすことなく、向こう側の土手を反対方面にスタスタと歩きつづけたのである。彼女は左右の足を軽々と出している。だからピッチが速い。わたしは股関節が固いのかもしれない。

じつをいうと、こういうことは以前にも何回かあった。ウォーキングをしている人ではなく、ふつうに歩いている人にも敵わなかったことがあったのだ。わたしは定年退職以来、自分の体力が相当落ちていたのにまったく気が付かなかった。

若い頃は体力やスポーツに自信があったのだが、退職後、いつのまにか、懸垂一回も腕立て伏せ一回もできなくなっていたのである。愕然とした。だが、しかたがない。黒ずくめの女性に敗退してから、人と比べることはしないようにした。比べてもいいことはなにもないからである。

青柳幸利氏は「1万歩以上（の歩行）は意味がない」といっている。「歩けば歩くほど健康になる」という思い込みは誤った認識で、過度な歩行は逆に「免疫力が下がってしまい、病気にかかりやすく」なるという。それでも世間には一万歩信仰がある。わたしにも、一応の基準としてある。南伸坊も長年「カッキリ一万歩」を目標にしてきたという。なにより万歩計というではないか。が、最近は「８０００歩で十分という説」を知り、それに変えているという（『生きてく工夫』春陽堂書店）。

たしかに「1万」という数字は、目標にしたい数字ではある。青柳氏も「メタボ」対策には「1万歩／30分」が必要だといっている。わたしの「歩き」は減量も兼ねているから一万歩は必須である。それに一万歩はそれなりに達成感も味わえるのだ。わたしが歩き始めた二年前は一日六〇〇〇～七〇〇〇歩ぐらいだったが、徐々に一万歩に伸び、これまでの最高は去年（二〇二〇年）四月の二万一五三六歩、約十七キロである。

いまでは終わってしまったが、太川陽介・蛭子能収の『ローカル路線バス乗り継ぎの旅』で、二人が最高に歩いた距離が十六キロ（二十一キロだったたか？）と知って、それがどのくらいの距離なのかを知りたくて、やってみたのである。それが二万一五三六歩だ。これくらいの距離は大したことないが、ウォーキング・ハイといった気分も少しわかる気がするのである。

「歩き」に関して、わたしが仰ぎ見る人は、現在、NHK-BSプレミアムで『日本3百名山ひと筆書き〜Great Traverse3〜』をやっている田中陽希氏である（今年八月達成）。かれはいつも十数キロのリュックを背負って、山に登りつづけている（激しいのは、二十五キロを背負い、雪の山中を五時間以上歩いたりする）。そのリュックを背負ったまま一〇〇キロぐらいは平気で歩くのだ。二〜三十キロ歩くのは朝飯前である。

年齢も、体の鍛え方も、経歴も、やっていることの意義においても、かれに倣う理由はなにひとつないわけであるが、それでもかれを参考基準にしたいのである。そうすると、たいていのことは、かれに比べれば大したことがないものばかりだということがわかる。そうやって、自分の甘えた軟弱さを知るのである。

わたしも歩くときかならずリュックを背負う。ただし重さは二キロ前後。図書館で分厚い本を四、五冊借り、スーパーでアイスコーヒー（九三〇ミリリットル）を四本買ったときには、「うわ、これは重いぞ。これは十キロいくかな」と思ったが、それでもわずか六キロだった。十数キロの重さがとてつもないものだとわかる。十数キロ太ったなんてことはとんでもないことである。

いずれまた「市中大回り」に再挑戦します。その場合、午前十時には出発しなければならないだろう。ただ途中で苦しくなれば、さっさと止めるつもりだ。膝や腰を痛めては元も子もないから。

話は少しずれる。日々の散歩でもそうなのだが、旅先でも、よく花の写真を撮る。そういうとき、養老孟司がやっているような、花の名前がわかるアプリがほしいと思う。スマホ用には何種類も無料のアプリがあるようだが、わたしはスマホは要らないから、デジタルカメラ用にほしい。そういうアプリをプレインストールしたデジカメが出ないものか。まあ出ないわな。みんなスマホをもっているのだから。

八十歳の石川文洋の日本縦断歩き旅

しかし世の中にはすごい人がいるものである。田中陽希氏もそうだが、本物の戦場カメラマンの石川文洋もそのひとりである。

石川は二〇〇二年、中山道・木曽路の三泊四日の歩き旅をやっている。十キロ（！）のリュックを背負い、一日三十キロ（！）歩いたという。そして翌二〇〇三年、六十五歳のときに一回目の徒歩日本縦断をやっているのである。

コースは七月十五日宗谷岬を出発、日本海側を通り、十二月十日沖縄の那覇到着。総日数一五〇日、徒歩日数一二六日。一日平均二十六キロ、三三〇〇キロを踏破した。出発前一八二／九二だった血圧は旅行後一四二まで下がったという。それでも高く笑ってしまったが（『日本縦断 徒歩の旅―65歳の挑戦―』岩波新書。その写真版は『てくてくカメラ紀行　北海道～沖縄３３００キロ』枻文庫）。

また二〇〇六年には、二月に心筋梗塞で十六日間入院しながら、十月に四国八十八ヵ所歩き遍路の旅をやっているのである（『カラー版 四国八十八カ所――わたしの遍路旅』岩波新書）。まったくなんちゅう人だと思うが、それが今度はなんと『80歳、歩いて日本縦断』（新日本出版社）である。

かれは毎日駅と家の坂道の往復四キロを歩いている。まったく飽きないという。「歩いている時は自由時間で気持ちが解放されているからだと思います」（同前）。これはわかる。石川氏は歩きの達人、長距離徒歩においても筋金入りである。

それで八十歳日本徒歩縦断は、二〇一八年七月九日から二〇一九年六月八日まで。宗谷岬を出発して、太平洋側を通り（六十五歳のときは日本海側だったので）、那覇まで三五〇〇キロを歩いた。いっぺんにこの距離を歩くのではなく、五回にわけた。四国八十八ヵ所遍路でいう「区切り打ち」である。今回も十キロの荷物（ほんとにこれはすごい）。歩くのは一日平均十五キロとなっている。

六十五歳のときは一日二十六キロだったから、半分弱。しかし、それはしかたがない。なにしろ八十歳なのだ（わたしは二十六キロなど一回も歩いたことがない）。靴は以前まではダンロップがいいと愛用していたが、この旅では、モンベルのウォーキングシューズを提供してもらったようである。「徒歩の旅は多くの人の支えで成立している」「体調が悪い、雨が降るという理由で歩行を中止したことは前回も今回もない。どんなに激しい雨でも歩いた」という。すごいものである。体調が悪ければ、休んだほうがいいと思うが。わたしは普段の生活のなかでも、雨が降れば、歩きも自転車も中止する。雨以上に風はいけない。まったく楽しくないからである。それどころか不愉快で、そんな日はもちろん中止である。

石川氏の朝は早い。六時半には出発し、一日約十時間歩く。繰り返し「歩いている時は楽しい」と書いている。そういうときは、体に故障がないときである。腰痛や足裏の痛み、膝の痛みなどがあっては、とうてい「楽しい」というわけにはいかない。体調がいいときは、そのことだけでも気分が高揚して楽しいものである。

「夕方旅館に着くと、すぐ風呂に入り食事をする。生ビールの中ジョッキと日本酒一合が最高の楽しみ」。いいですなあ。「食事にはあまりこだわりはなく、用意された料理で満足する」。宗谷岬から函館まで五十四日間。くどいけど八十歳だよ。歩行後の血圧一二四／七〇、体重は四キロ減だった。

四ヵ月と少しで東京着。「私の大好きな神谷バー」で高校の同級の友人と会う。十一月二十五日、日本橋着。清水で二人の幼児に「どうして沖縄まで歩くの？」と聞かれ「80歳で歩き通せるか試している」と答える。「歩いている時の喜びは、目に入ってきた風景に向けてたくさんのシャッターを押せることである」

途中、どこまで行くのかと頻繁に聞かれる。北海道から沖縄まで、と答えると、みな驚愕する。そりゃそうだろう、おじいさんではないか。石川氏は突発性難聴のため右耳がまったく聞こえないようである。左耳も弱いため補聴器を使っている。「やはり80となると完全に一人ではむり」といっている。多くの人に助けられている。

たしかに八十歳の日本縦断は驚異的である。しかしこんなことをいって申し訳ないが、旅行記としては、六十五歳のときの『日本縦断 徒歩の旅―65歳の挑戦―』のほうが上である。全行程の日本地図が載っている。べつにわたしは日本縦断をするつもりはないから、これが役に立つ、とはいわない。ただ紙上での体験をする読み手にとって、これはあったほうがいい。

御覧のように、わたしは大したことはしていない。ただの町中の自転車好きであり、散歩愛好者である。それなのにわたしの癖なのか、すぐツール・ド・フランスとか、田中陽希さんや石川文洋さんのような日本縦断徒歩の旅をやった人のことを引き合いに出す。四国八十八ヵ所お遍路の旅をした人の本を読んだりする。考えてみると、わたしは何事においてもつねに初心者のままである。それだからか、練達の人を見るのが好きなのだ。

わたしは、わたしの関心のあることの先にいる人たちのことを知るのが好きなだけで、単純にすごい人たちだなあ、と思うのである。そういう人のしたことを知ったり、読んだり、見たりすることが単純に楽しいのである。わたしは「見る人」であり、「ほめる人」である。だから、わたしにはかれらのようなことをやってみたいという憧れのようなものはない。わたしはわたしのままでいいのである。

　三百名山全行程人力制覇も八十歳日本徒歩縦断も、いくら称賛してもしきれない。けれど、だれも賛同してくれないだろうけど、それらはあくまでも「自然元素」と「身体元素」のおまけである。たしかに常人がなせることではない。はるかに先にあるものだが、自然元素と身体元素の「楽しさ」や「愉しさ」や「うれしさ」の延長上にあることに変わりはない。

第4章

またときめきの奈良へひとり旅

定年退職者のありふれたセンチメンタルジャーニー

奈良へ行くようになったのは定年退職後のことである。年に夏と冬の二回行くから、これまで二十回以上は行ったことになる。といっても、行くのがいつも六月と十二月のシーズンオフだから、どちらも桜と紅葉の時期には遅い。桜や紅葉の盛りを見てみたい気はあるのだが、混雑よりも、電車やバスや街中や観光地が空いていること優先である。それで不満はない。

退職した当初は、多くの人がやるように、これまでに住んだ場所巡りをした（映画『アバウト・シュミット』で、定年退職したジャック・ニコルソンがこれをやっていた。アメリカ人もおなじなんだと思った）。十八歳で上京して最初に住んだ千歳烏山。その町で三ヵ所転居したが、一番懐かしいアパートを訪ねた。まだおなじ場所にあったが、アパートは現代風なものに建て替わっていた。そりゃそうだろう、五十年以上も前のことだから。その隣にあった個人スーパーも代替わりをして、まだあった。

そのあとに住んだのは北浦和だ。松本にいた父母がやってきて、一緒に住んだのである。交差点の角に自宅はあったが、ダンプが通るとガタガタ揺れた。この町は好きだった。しかしいまでは、自宅だった場所までの道順がさっぱりわからなくなっていた。元々記憶力が強いほうではない。この辺だったかな、と見当をつけた場所は、コンビニになっていた。懐かしくもなんともない。ああ、このへんかな、と思って終わりである。

北浦和のあと、父親が定年となり練馬の大泉学園に移転した。わたしは数年住んだだけで、その後、家を出て、千葉の幕張に二年ほど住んだ（大泉学園はいまでも弟が住んでいてたまに行くから、ここは当然除外）。幕張へは行っていない。もうあんなアパート見てもしょうがないなと、気が乗らなかったのである。それまでの旧居探訪が期待したほどおもしろくなかったということもある。単なる暇つぶしではないか、という気がしたのである。まあ暇つぶしでもいいのだが。

北浦和に住む前、家族が住んでいたのは長野県の松本市である。ちなみにその前は長崎県の佐世保市、その前は広島市、その前は佐賀県の伊万里市、その前は大分市、その前は竹田市だが、こんな場所を全部巡るわけにはいかない。

松本には学生時代、夏休みや冬休みに帰省した。この街もわたしにとっては懐かしい街で、松本城や文具店の「遠兵」や、民芸喫茶の「まるも」は好きでよく行った。ここには退職後、一回泊まりがけで行った。駅も駅前も市中もまるっきり変わっていたが、街中をレンタル自転車で回った。文具店の「遠兵」はなくなっていたが、「まるも」が変わらずあったのがうれしい。父母が住んでいた蟻ケ崎の家は、ある保険会社の社員寮になっていた。

母親の故郷の奈良

昔住んでいた土地巡りが一通り終わると、なにもすることがなくなり、ふいに奈良に行ってみようと思った。それもひとりで。映画と旅はひとりで行け、というのがわたしの鉄則ではあったが、口ばっかりでなかなか実現できなかった。退職したのを機に、ひとり旅をしてみようと思い立ったのである。四泊五日の奈良だ（ほんとうをいえば、せめて二週間、できれば一ヵ月ほど放浪してみたいのだが、そんな贅沢は許されない）。

ひとり旅がいいのは、なにを決めるにも揉めることがないことである。なにしろひとりだ。だれに気兼ねをすることもない。どういう計画を立て、どこに行き、なにを食べ、いつ休息をとるか、即断即決。どこに泊まって、何時に起き、何時に寝るかも、自分の自由である。ひとり旅は、コロナ禍にあっても、最も相応しい旅のかたちである。だれと話すことも、騒ぐこともない。ばか笑いもなく、新幹線の席を回すこともしない。

見知らない町を歩く（十年も通えば、もう見知った町だが）。荷物はボディーバッグひとつ。なかにはコンパクト・デジカメと文庫本と水が入ったペットボトル。ジーパンの尻ポケットには市街地図。両手にはなにももたない。身も心も軽い。十数キロは平気だから、たいがいのところへは歩いていく。それ以外はバスか電車。なにからなにまで自由で、これがひとり旅の醍醐味である。わたしにとっては、定年退職後最大の恩恵のひとつだ。

なぜ奈良だったのか。母親の故郷、ということが一番大きいかもしれない。子どもの頃から話はよく聞かされ、とくに「猿沢の池」という地名は魔法のような響きで、小さい頭に刷り込まれた。長じて、老いた両親と奈良を歩いたことも、記憶のどこかにあった。その他、法隆寺の宮大工西岡常一の本（『木に学べ』や『宮大工棟梁・西岡常一「口伝」の重み』など）を読んで感銘を受けたことも一因ではあろう（西岡棟梁の業績や大工道具は、法隆寺参道入り口のところにある法隆寺iセンターで見ることができる）。

母の実家は新大宮にあったらしいが、祖母（母の母親）が奈良で、当時としてはモダンな三階建てのレストランを経営していた（「若草」という名前だったらしい。祖父は奈良の警察署長だったと聞いたが、のち離婚した）。その店の話もたびたび聞かされた。一階はレストラン、二階は撞球場、三階は麻雀で、レストランで出していたハヤシライスが絶品だったというのが母の自慢だった。また、京都撮影所から長谷川一夫ら俳優たちが頻繁に遊びに来て、女学生だった母は可愛がられたということだった。

そのビルは近鉄奈良駅の左隣の並びにあったというから、写真でも残っていないかと、戦前の奈良の写真集などを探したが、見つからなかった。祖母が祀られているという寺にも行ってみたが、墓は見つからなかった。しかし母が通っていたであろう親愛幼稚園は、近鉄駅前の東向商店街の中に見つけた。

考えてみれば、わたしは若い日の母のことはほとんど知らない。もっと話を聞いておけばよかったと思うが、それもしかたがない。後悔先に立たず、だ。といって、いまでいう「エンディングノート」を書いていてくれればよかったのに、とは思わない。

わからないなら、わからないままでしかたがない。話を聞かなかったわたしが悪いのである。子どもというのはしょうがないものだ。

奈良といえば京都、というように、よく京都と比較されるが、街並みも繁華街の規模も洗練された店の多さも市内交通の便も人気度も、したがって観光客の数も、奈良はまったく太刀打ちできない（そもそも匹敵しようとも思っていない？）。

だがそこが逆に奈良のいいところである。地味で鄙《ひな》びてこぢんまりしていて、わたしなんかにはかえって気分が落ち着くのである。さすがに餅飯殿町の商店街は田舎臭くて物悲しいが、それもここ十年で、メインストリートの三条通りを主として随分と変わってきた。すこしはシャレた店が増えてきたのである。

うましうるわし奈良へのひとり旅

奈良行きの楽しみは、もちろん寺と仏像を見ることである。あとはぼんやりすることだ。いいかえれば、その環境に浸ることである。仏像でとくに印象的なのは、興福寺の阿修羅像や薬師寺の日光・月光菩薩はいうまでもないが、東大寺戒壇堂の四天王像、新薬師寺の薬師如来と十二神将、浄瑠璃寺（これは京都だが）の九体阿弥陀仏、中宮寺の菩薩半跏像、秋篠寺の伎芸天、円成寺《えんじょう》の若き運慶の傑作大日如来坐像などがある。寺以外にも、奈良国立博物館にはよく行き、奈良県立美術館に行くこともある。

しかし十年以上通いつづけていると、さすがに有名どころの寺はほとんど行き尽くした。最初の頃は、一日に何ヵ所も回ったが、最近は一日に一、二ヵ所にしている。少し遠いところは長谷寺や室生寺、飛鳥寺、當麻寺《たいまでら》、浄瑠璃寺あたりまで足を延ばしている。伊勢神宮にも行った。東大寺や興福寺、薬師寺や唐招提寺には何回も行っている（全然ふつうか？）。けれど、まだまだ行ってない所はたくさん残されており（十津川とか）、県全域にまで広げればきりはない。

けれどもうどこにも行かないでもいいと思っている。行っていない所をしらみつぶしにつぶしていくことにあまり意味はない。奈良の町にいるだけでいいのである。気が向いたらそのつど、行きたい寺へ行けばいい。見たい仏像を見に行けばいい。

昨年（二〇二〇年）末は、日本最古の神社といわれる大神神社《おおみわ》に行った。三島由紀夫没後五十年ということもあり、雑誌やテレビではいくつか特集の記事や番組が組まれた。そのなかに大神神社が取り上げられていたのだ。

遺作となった『豊饒の海』四部作の二巻目『奔馬』を書くのに、三島由紀夫は取材のためにこの神社を訪れたのである。それは三島が自決する四年前の昭和四十一年（一九六六年）のことで、ドナルド・キーンと共に大神神社を訪ね、社務所に三泊したらしい。三輪山にも登り神事にも参加したという。もう昔のことだ。すべてうたかた、という気がする。

春日大社の元権宮司だった岡本彰夫氏の『日本人よ、かくあれ——大和の森から贈る、48の幸せの見つけ方』（ウェッジ・写真は保山耕一氏）という本を読んでいたら、「そもそも奈良という所は、捨て去られた都である」と書かれているのを見て、ああ、そうかと胸を衝かれた。いわれてみればそのとおりだ。敗残の土地でもあろう。「しかし霊地に建立された社寺の移座は考えられようもなく、この地で千年間、天下・国家・万民の幸福を祈り続けて来た」

さらに岡本氏はこうもいっている。「人間の欲望は尽きる事が無い。これだけ払えば更に上、これだけ積めばもっと上となる事は必定で、欲には限りが無いのだ。上へ上へと昇るのは限界がある」。だから欲望を抑えよ、というのではない。まあそういうこともいいたいのではあろうが、方向を変えよ、という。「奥」へ進めという。

「しかし奥へ奥へと入るのは、際限が無い」。すなわち「奈良の社寺を訪《おとな》うて心洗われ、もっと深く更に奥へと望む人々には、決して助力を惜しまない。むしろそんな人をこそ、待ち望んでいるのであって、神や仏の世界とは、そんな世界ではなかろうかと思う」。わたしは二十回以上奈良に行っていて、そろそろ飽きてもいいくらいだが、これが飽きないのだ。なぜかはわからないが、ただわたしは「もっと深く更に奥へと望」んでいる人間ではなさそうだ。町と気性が合ってるということか。

岡本氏は「ツロク」（均衡）という言葉を使っている。これはわたしにとっては非常に懐かしい言葉である。「ツロク」ということが大事、ということなのだが、こんな言葉が岡本氏のなかに生きていることに驚いた。ご飯どき、よく母から「ツロク」して食べなさい、といわれていたことを思い出したのだ。ごはんとおかずが同時に終わるように考えながら食べよ、ということだった。母以外から聞いたことがない。いまでもこの言葉は奈良では使われているのか。

この十年の間には時々、奈良以外の地にも行った。姫路城を見に姫路に行き、そのついでに倉敷の美観地区にも行った。金沢城と茶屋街を見に金沢へも行った。そういうときには、わたしも日本人だな、ちょっと奈良に悪い気がするのである。それでまた奈良に戻ってくるのだけど。奈良行きがいつまでつづくのかわからない。

ほかにも行ってみたいところはある。退職した当時は、まだ欧州への未練があった。がいまではそれも完全に消滅した。会社の出張で何度かヨーロッパには行ったが、あるとき、周りの連中が外国人なだけで、外国の街といっても東京を歩いているのとほとんど変わらんじゃないか、と気づいたのである。間違った感覚かもしれないが、そう思ってからは、憧れがなくなったのである。いちいち出発二時間前に空港に行くのもめんどうくさいし。

だからというわけではないが、いま行きたいと思っているところは福井の永平寺、安野光雅美術館がある津和野、風の盆で有名な越中の八尾といったところである。ただこれは無理かもしれない。風の盆はもう宿がとれないほどの人気である。行けないなら行けないでいい。死ぬまでに行きたい・見たい・食べたい・やりたい〇〇のこと、といった本や映画があるが、そんなことはどうでもいいのだ。

最後に残っている場所といえば、わたしが生まれ育った大分県の竹田市だ。しかし、もし行けたとしても、巡るのは、せいぜいわたしたち家族が住んでいた魚町周辺と、わたしが通った竹田小学校（廃校になったと聞いた）、広瀬神社、岡城跡くらいだろう。

行ってもしょうがないなとか、ちょっと遠すぎるな、とは思う。ここもまた、生きている間に、なにがなんでも一回は行ってみたいという気はない。奈良は竹田の代理かもしれない。

映像作家・保山耕一氏の「時の雫」は最良の癒やしである

昨年（二〇二〇年）から引きつづくコロナ禍以降、あれほど好きだったテレビがつまらなくなった。とくに芸人の出る番組がつまらない。芸能人のCMがばかばかしい。男女アナウンサーの局同士の自己アピールが卑しい。すべて人工物で、しかも幼稚で、すべて計算ずくで、しかしミスばかりで、すべてに偉そうで、しかし正体が透けて見え（モチーフは結局、製作側も使われる側もお金）、ポリティカル・コレクトネスにびくびくしているが、実際には世間を舐めており、見ていてほとんど腹の立つものばかりである。それでもオリンピックは一応楽しめたが、それも人工物が少ない分だけだ。

代わりに、以前にも増して見るようになったのはYouTubeである。なかでも最も好きなのが、映像作家保山耕一氏の「時の雫」シリーズである。一番心が落ち着く。保山氏については以前、ほかの本で簡単に触れたことがあるが、わたしがはじめて氏を知ったのは、二〇一九年のことである。NHK・Eテレの『こころの時代~宗教・人生~』という番組の三月二日の回「命の輝きをうつす」で、たまたま氏のことを知ったのである。一気にかれの生き方と映像の魅力に引き込まれた。

保山氏は一九六三年生まれ、現在五十八歳である。高卒後、テレビの世界に入り、やがて特殊機材を駆使する名うてのカメラマンとして知られるようになった。『世界遺産』や『情熱大陸』など有名番組で活躍して得意の絶頂(?)にいたが、まさに青天の霹靂、二〇一三年五十歳のときに直腸がんに襲われたのである。末期だった。いきなり絶望の底に叩き落とされた。五年後に生きている確率は十パーセントといわれた。せめてあと三年は生きたいと思った。

治療・手術で直腸を全摘、大腸の一部を摘出した。その後一年間、抗がん剤治療をつづけた。社会のなかでの孤立感。孤独と絶望しかなかった。やむなく職を辞した。しかし治れば復帰したいという希望に縋《すが》った。そのときふと、スマホで動画を撮ろうと思った。それが転機だった。

故郷の「奈良にさよならをするつもり」で撮り始めた。一番好きなものを撮ろうとしたら春日大社の飛火野を撮っていた。病を忘れ、熱中できた。それが二〇一五年、「時の雫」シリーズの始まりだった。現在、シリーズは六年目、すでに九六〇回(二〇二一年十月四日現在)を超える膨大な作品群となっている。

排便障害があり、病は癒えていない。それでも一年三六五日、毎朝五時前の始発電車で生駒の自宅から奈良へ向かい、その日の撮影計画を立てる。夕方に帰宅し、夜編集してYouTubeにアップする。それを楽しみに待ってくれる視聴者たちがいる。

保山氏は死を意識してから、あきらかに生き方も考え方も変わったのである。それまでは、風景はただの被写体だったが、そのなかに身を置いて撮影できることがしあわせに感じられるようになった。色に対する感覚も鋭敏になった。風景を撮るというより、色を撮る。デジタル画像・映像は編集できるが、かれはあくまでも「ほんとうの鮮やかな色」を映そうとする。葉っぱの水滴、朝露、水の表情を映す。花や月を撮る。自然元素だけの世界だ。

保山氏はまさに「末期の目」で世界を見始めたのである。するといままで見えなかったものが見えてきた。

たとえば、春日大社の藤の色は特別だという。藤が自ら光っているように見える。桔梗も蓮も輝く一瞬がある。それが命にも神の姿にも見える。「ほんものの色を忠実に映したい」と保山氏はいう。月は「生まれたての月」が一番きれいだ。新月は真っ暗だが、翌日には鉛筆でうっすら描いたような細い月が見えるのだ。だれもそんな月を探さないが、その月が一番美しく、そこに「極上の美」があるという。シリーズのなかにも、紫色の藤と雨の水滴が素晴らしい「春日大社の藤」という作品がアップされている。

奈良を撮った写真家なら有名な入江泰吉がいる（かれの旧宅と入江泰吉記念奈良市写真美術館は訪ねたことがある）。写真には写真のよさがある。しかし映像には映像のよさがあり、保山氏の映像はやはりすべてがちがう。技術はもちろん、覚悟と本気度がちがう。さすがプロである。普段わたしたちは、かれの映像のように風景を見ることはない。それが目くるめく色彩の展開としてアップで映され、映像の力を実感する。

わたしは氏の作品を通常パソコンで見る。深夜にはテレビで見る。大画面は圧倒的に美しい。しかしまだ、全部を見ることはできていない。一本はおよそ五分前後、毎日数本、気の向くままに見させてもらっている。本を読むときなどは、テレビで環境ビデオとして流している。時々画面に見入ってしまう。

かれの映像はほかに、深夜のＮＨＫでイレギュラーに放送される映像詩「春日大社」「飛鳥」「祈りの桜　奈良県吉野山」「やまとの季節　七十二候」がある。興福寺執事・辻明俊氏の著作『興福寺の３６５日』（西日本出版社）に付いているＤＶＤ「映像詩　天平の祈り」も美しい。また、ＤＶＤ作品集「祈り」も実に鮮かな映像である。

わたしはただ呑気に、きれいだなあ、といっているだけで、保山氏が体験した病の辛さは想像もできない。わたしはたった一週間の入院にさえ音を上げたほどメンタルが弱い。かれの撮影の苦労は並大抵のことではなかろう。人工肛門のために車に乗ることができないと聞いた。移動ひとつするにも大変だろう。

真っ暗な早朝、深夜、雨、豪雪のなかでの撮影も根気がいる。この「時の雫」は仕事というものではない。もし仕事というのであれば、祈りの仕事というほかはない。それよりも使命感、命の証しのようにも見える。文字通り、保山氏の命を懸け、生涯を懸けたライフワークである。

そんなところへ、今年の六月二日にアップされた「田の神宿る」という映像に添えられた保山耕一氏のコメントに、胸を衝かれた。

コロナの影響も少なからずあり、経済的な困窮から４ｋでの作品制作を以前のようなペースで続けることが困難となっています。

働いて収入を得れば解決するのですが、病気の後遺症があり職がありません。実に情けない話です。

更新頻度は落ちますが、止めるわけではありません。

作品の公開が滞ると、私の病気を心配して下さる皆様からメールを頂きますが、このような事情ですので、どうかメールでの連絡はご遠慮ください。

どうかよろしくお願いします。

いつの日か、病気もお金も気にすることなく、それらから解放され、撮影を続けられる日が来ることを信じて、日々の苦しみと向き合います。

いつもご視聴ありがとうございます。


なにもいえない。なにもできない。「日々の苦しみと向き合います」とはよほどのことだろうと思う。すべてが少しでも好転するように願うしかない。

沢木耕太郎の『江戸近郊道しるべ』を歩く

昨年の十月、新型コロナ禍で日本が大騒ぎをしているさなか、沢木耕太郎の次の文章が目にとまった。

「荷物を少なく、フットワークを軽く。そんなふうに生きてきました。お金もうけをしないと生きていかれないような大きな生活をせず、動きやすくしていれば、好きな仕事を自分で自由自在に選択できます。

旅では、みすぼらしい宿でも、それを面白がれば自由度は広がります。同じように、生活でも好きなように生きていく余地を残してやる。それはほとんど、旅の仕方と同じような気がします」（「『深夜特急』原点は東北」『毎日新聞』二〇二〇・十・十七　夕刊）

沢木らしいいい文章である。「大きな生活をせず」というあたりがいい。

かれは五十年近く毎年海外へ行っていたが、二〇二〇年はコロナ禍により、海外へ行かなかった年だったという。

だから「いつもと変わりのない平凡な毎日でした。朝起きて、家で少し仕事をして朝食を食べて、仕事場まで四十分ほど歩いて行き、昼は自分で作って食べ、またちょっと仕事をして、時には人と会ったり映画を見たりして、夜、家に帰る」「とりたてて大変なことはなかったですね。むしろ、こういう状況で大事なのは、そういった普通を維持することだと思うんですね」（「コロナ禍の今、旅への思い」『NHKラジオ深夜便』二〇二一年三月号、以下同）。

まったくじたばたしない。世間の感情に負けて、抑圧も感じなければイライラもしない。といって、海外旅行に代わる何事も企てない。ただただ「普通を維持する」だけ。そんななかで、ちょっとした楽しみを発見する。どこかへ出かけなかったか、という質問へ「前から読もうと思っていた江戸時代の武士の本を読んで、そこに出てくるルートを歩いてみたりしました」と答えている。

その本とは村尾嘉陵という人（一七六〇年生まれ。徳川家の御三卿のひとつである清水家に仕えた幕臣）の『江戸近郊道しるべ』である。「例えば江戸城から石神井まで日帰りで行く、とかね。（略）その中に、九品仏への旅というのがあるんです。（略）それを読んで、ああそうだ、僕は世田谷に住んでいるけれど九品仏に行ったことがない。村尾さんが歩いたルートを僕も歩いてみようかと思い立ったんです」

で、実際に歩いてみた。沢木の口調がおもしろい。「歩数計を持って行ったら、九品仏まで約三万三千歩だった。往復で約六万歩として、僕の歩幅はだいたい八十センチ。村尾さんは、荷物を提げていて重いだろうから、もう少し歩幅が狭いんじゃないかと思うけど、仮に八十センチとしても四十八キロ！　一日の散歩でですよ。村尾さん、そのとき七十二歳。江戸時代ではかなりの高齢ですよね」

おそるべし、江戸のじいさん、である。

「こうしてやってみると、本を読むこと、次に切絵図でその彼の家を見つけること。次に彼の文章に従ってその大山街道をたどって九品仏に行くこと。それだけだってすごい旅になるじゃないですか。しかも誰にも迷惑はかからない（笑）。やってみるといろんなことができるんだなあと思いました。最近すごくおもしろかったことの一つですね」

いかにも沢木耕太郎らしい、愉快な話である。わたしはそんな本があることさえ知らなかったが（知らないことばっかりだ）、早速『江戸近郊道しるべ』（講談社学術文庫）を買ったことはいうまでもない。まだどこも歩いてはいないが。その前に、まだ全部読んでもいないが。

荷物は少なく、生活は小さく

旅にも「小さい旅」と「大きな旅」がある。生活にも「小さな生活」と「大きな生活」がある。どちらにもそれぞれいいところがあるだろう。が、結局は好き嫌いだろうと思う。沢木は、すくなくとも「小さな生活」には軽やかさがあるという。

「旅を快適にするのはわりと単純で、できるだけ荷物を少なくすることです。本当に必要なものだけに絞った荷物で旅をすると、とても快適ですね。それは、生きていくのも変わらないことで、あまり生活を大きくしないで本当に必要なものを持ち、大きな収入を得ようと頑張りすぎずに、ごく普通に生きていく。そうすれば生き方も軽やかになりますよね。断捨離だなんだと大騒ぎしなくても、もともと持つものが少なくて生活のスケールが小さければ、軽やかに生きていける」（前出「コロナ禍の今」）

わたしは沢木とおなじように、荷物の少ない旅が断然好きである。そういう旅しかしてこなかった。いつも両手は手ぶらにしておきたい。生活もおなじだ。生活も小さくし（元々、小さいのだが）、それで「軽やかに生きていける」なら、なによりである。この表現はいかにも自由、という気がするではないか。年寄りはとくに「ごく普通に生きていく」。そのなかにしみじみとした歓びも愉しいこともあるよ。夏目漱石の「菫《すみれ》ほどな小さき人に生まれたし」の気分でいけばいいのである。

沢木耕太郎の書くものを読むと、かれは基本的に、人間がまともに生きていくために必要な「人間元素」だけでできているような気がする。雑味がほとんどないのだ。こういう人は稀有である。それでもかれの『旅のつばくろ』（新潮社）を読むと、やはり沢木は沢木である。小さなところで、気になる箇所がいくつも出てくる。

「若い頃から私はよく酒を飲んできた。出されれば、どんな酒でも、そしてどれだけ飲んでもほとんど酔うことがない」。いいなあ、酒がいくらでも飲めて、と思わないではない。かれは「なにが楽しくて生きているのか」といわれたことはないはずだ。しかしかれは日本酒だけは「そのおいしさ」がわからず、敬遠していた。それを最近飲み始めた。「私は何につけても『おくて』だが、味覚についても極め付きの『おくて』だったということになる」。しかしそういう「おくて」はいいのではないか。

酒に関してはこういうことも書いている。生まれてはじめて日暮里に行き、「あちこち寄り道をしているうちに、駅に近づく頃には暗くなり、ネオンの色に鮮やかさが増しはじめている。つい、一杯飲んで帰ろうかという気分になり、なんとか見つけた居酒屋と小料理屋の中間のような店に入ることにした」。こういうことは、ついぞわたしが一回もしたことがない行動である。うらやましい気がしないでもない。『六角精児の呑み鉄本線・日本旅』という番組を見ていると、そんなに酒はうまいものなのか、と思う。

沢木耕太郎の話をつづける。「私は蟹田駅（青森県）で降りると、駅前の小さな市場のなかにある食堂で『ホタテ定食』なるものを食べ（略）」と書き、また、塩釜駅近くのレストランでは「牡蠣フライ定食」を食べた、と書いている。そうなのだ、みんな牡蠣フライが好きなようだが、わたしが絶対食べないものだ。「ホタテ定食」うまいのかね。ぶよぶよしてるのはいいのか。わたしは雲丹もイクラもうまさがとんとわからない。

韓国では深夜になると信号がまったく守られなくなるという。しかし日本人はそうでない。「私も仕事場から歩いて帰る夜道で、横断歩道の信号が赤なら、たとえ車の往来が途切れ、いくら渡れそうになっていても、青に変わるのを待つ。いや、私だけでなく、かなり多くの日本人がそうするだろうと思う」「信号を守る。青信号でしか道を渡らないというのは、やはりとてつもなくすばらしいことなのかもしれないと思ったりする」

うーむ、それはほんとに「すばらしいことなのか」。むしろ、権威が決めたことに盲従するだけで、自分ではなにひとつ考えない、とてつもなくだめなことじゃないのか、と思うが、そういうこともわかったうえで、かれがなお「すばらしいこと」といってるのなら、そういえなくもないかもしれない。なにしろ「人間元素」だけの人だから。

だが最後はやはりかれらしい。

かつて私は、自分の父親が死んだとき、どうしてもっと話を聞いておかなかったのだろう、と後悔した。父のことをほとんど何も知らなかった、と。

だが、生きていくというのは、そうした後悔を無数にしながら歩むことなのだろう。後悔なしに人生を送ることなどできない。たぶん、後悔も人生なのだ。

（『旅のつばくろ』）

やらないで後悔するより、やって後悔するほうがいい、という生意気でつまらない考え方を信奉している人や、絶対に後悔するような人生を送りたくはない、と考えている人に、教えてあげたい言葉である。

ああ、青春の欧州ヒッチハイク旅

いまから五十年以上前、二十一歳のとき、わたしは大学を一年間休学し、ヨーロッパにヒッチハイクの旅に出た。当時、ヨーロッパでヒッチハイクなるものが流行っているという情報はつかんでいたのである。

元々は自転車世界一周の旅の予定で、マルセイユまで船で行き、そこから自転車でヨーロッパを一周したのち、アメリカに渡ってアメリカ大陸を横断するつもりだったのだ。だが自転車を買う金も船に乗せる船賃ももったいなく、というよりアルバイトでは貯められる金にも限度があって、やむなくヨーロッパ・ヒッチハイクの旅に縮小したのである。

当時は持ち出し外貨の制限額が五〇〇ドル（十八万円）だった。わたしが二年間マヨネーズ工場や印刷工場の徹夜のアルバイトで貯めた手持ちの資金は、横浜からソ連経由でフィンランドのヘルシンキまでの旅行代金を払うと、十二万円ほどしか残らなかった。あとは父が餞別《せんべつ》にくれた二万円だけ。帰りの旅費はスウェーデンで皿洗いをして稼ぐつもりだった。

二月に横浜港から、ソ連のナホトカに出発した。オルジェニキーゼ号。上はジージャン、下は白の綿パンのいでたち。いまでは時代遅れになってしまったカーキ色のでかい登山リュックを背負った。リュックの表には黒マジックで「ＮＩＰＰＯＮ」と大書し、両サイドのでかいポケットには宗幹流ヌンチャクと釵《サイ》（十手みたいな武器。いまでは絶対無理）を差した。片道切符しかもっていなかったが、それでまったく、なんの不安もなかった。もう勇気凜々、意気揚々、やる気満々で楽しみしかなかった。

飛行機と電車でソ連を横断してフィンランドのヘルシンキまで行った。ヘルシンキから船でストックホルムに行き、二日ほど滞在したあと、いよいよヒッチハイクが始まった。郊外まで歩き、リュックを下ろし、こんなものかと、親指を立てた右手を挙げた。これがまあ恥ずかしかったのなんの。が、人間はなんでも慣れである。ドライバーたちも親切だった。このあと車に何回乗せてもらったかわからないが（百何十回か？　そのうち何十日泊めてもらったことか）、ドライバーには、おれもヒッチハイクは昔はやったもんだよ、という人が多かった。

スウェーデン第二の都市イエテボリという街で、わざわざもってきた背広を着、警察で労働許可証をもらい（大学で英文の在学証明を取っていた）、レストランを訪ねては、わたしは日本から来た学生、ついては貴店で皿洗いのバイトをしたいのだが、と回った。すぐに見つかった。二店目ぐらいではなかったか。が、一週間ほど勤めたが、そのコック長が気に入らず、辞めた。

しかし次のレストランもすぐ見つかった。そしてそこがまさに天国だったのだ。ウエイトレスのバイトをしていたビルギッタという十六歳のスウェーデン娘が可愛かったのである。「スウェーデンはフリーセックスの国とかいわれてるけど、ほんとはちがうのよ」とかいってたな。働く仲間もブラジル人のペドロはじめ、ユーゴの少年やらギリシャの伊達男やらと、みな気のいいやつらばかりだった。その上ボブ・ホープ似のコック長と仲良しになり、昼は毎日豪華なランチ（まかないね）をつくってもらった。この七十年間で三十五年以上、会社勤めをしたが、毎日仕事に行くのがあんなに楽しかったことはない。

が、何事にも終わりは来る。ビルギッタが店を辞めさせられ、わたしも街を出た。二ヵ月ほどいたと思っていたが、わずか一ヵ月間のことだった。コペンハーゲンのチボリ公園でポピというイタリア男と知り合いになり、意気投合した。ヴェローナに来たらおれんとこに来い、といってくれた。その後、ドイツに渡り、オランダ、ベルギー、ルクセンブルクを回って、再びドイツ国内をうろつき（ケルンの大聖堂には圧倒された）、オーストリアからスイスに入って、アイガー、マッターホルン、ユングフラウ、モンブランを見た。全部ヒッチハイクである。

当時のヨーロッパにはヒッチハイク社会というようなものがあり、大きな幹線道路の前にはほんとうに一〇〇人くらいのハイカーたちが並んでいて驚いたものである。男女カップルや男同士、女同士の欧米人がずらーっと並んでいるところへ、あとからきた人間はかれらを越えた先に並ぶのが暗黙のルールとされていた。あとから来たくせに、手前に止まって、先に車と接触することを許さないためだ。もうひとつのルールは、ドライバーが女ひとりの場合、男で単独のハイカーは乗ってはいけないというものだった。

ひとりでやっている者、しかもアジア人のハイカーは稀有だった。そのわたしの前に一台の車が止まる。左右からわらわらとむさくるしい欧米の連中が押し寄せる。が、ドライバーが（お前たちじゃない、こいつだ！）というようにわたしを指さす。わたしは（残念だったなバカ野郎ども、おれなんだってよ）とほくそ笑む。まあ、指名された娼婦のような気がせんでもなかったが、ドライバーはアジア風味の、しかしちょっと凛々しい若者を助けたかったのだろう。

スイスのローザンヌでフランソワという男の家に泊めてもらい、翌日かれのお母さんからサンドイッチのランチをもらい、フランスに入った。途中若夫婦の車に乗せてもらってパリに入り、凱旋門近くのかれらのアパートに泊めてもらった。パリは物価が高く、二日ほどでロンドンに向かった。ロンドンから戻り、パリを素通りして一気に南下、マルセイユに向かった。途中、日本人青年の車に乗った。おれマドリッドで柔道教えてるんだが、来ないか？　と誘われた。一日一〇〇円あれば食えるぜ。

いまはほとんど記憶力が衰えて、最近のことはすぐ忘れてしまうくせに、五十年前のことなのによく覚えているものである。スペインは魅力的だったが、帰りの旅費が減ることが心配で断った。

マルセイユからカンヌを通り、イタリアのヴェローナに入った。ポピに連絡すると、やっぱりこいつはいいやつで、家に三泊させてくれ、ロミオとジュリエット関係のところ（ヴェローナはその舞台になった町）や古代競技場に連れていってくれた。そんなことより、かれにはマリーナという可愛い妹がいたのである。お父さんお母さんにもよくしてもらい、ほんとうに楽しかった。

ローマに向かった。禁を冒して女性ひとりの車に乗った。最後の手段である日の丸を出しても何時間も車が止まらず、やっと止まってくれたのがフランス人の女性だった。乗るべからず、なんていってる場合ではなかったのだ。

ローマからピサに行き、その後イタリアの東側の町から船でギリシャに向かった。ところがギリシャでのヒッチハイクは困難を極めた。最後はくたびれて、やむなくテサロニキ（駅には徴兵で招集された若者たちが集結していた）からアテネまで電車に乗った。アクロポリスに登り、市内の屋台でケバブを食べた。うまくて毎日食べた。屋台のあんちゃんと顔見知りになった。

十二月、トルコのイスタンブールでボスポラス海峡を渡り、そこからは町と町を結ぶ乗り合いバスを乗り継いだ。旅の仲間がいた。アテネで知り合った五人の日本人で、大阪出身のEさんとNさん（ふたりは友人同士。Eさんは下駄を履いていた。ずっと下駄で通したらしい）、体操選手だったSさん、北海道出身のHさん、そしてヒゲのFさん。わたしを入れた総勢六人で帰ってきたのだが、道行きが和気藹々でじつに楽しかった。この六人の仲がよく、人と接してあんなに楽しかったことはあの旅以来なかった。

それと同時に、日本に帰ると決めた頃から、里心が出てきた。なぜか知らないが、はやく帰って思いきり仕事がしたいなどと思った。帰ったら英語をもっと勉強しようとか、今度来るときはふんだんに金をもって大名旅行をするぞ、と思ったりした。帰ってきたら、全部元の木阿弥になってしまったが。

トルコからイラク、イラン、アフガニスタンと辿った。いまでは絶対にできないが、五十年前は、カブール近くのカイバル峠というところでバスを襲う山賊が出るという噂はあったものの、このルートで無事にバス旅行ができたのである。どこかの山頂で見た満天の星が忘れられない。カブールなどのんびりしたものだった。ラグビーボール型のスイカが冷たくてじつにうまかった。アフガニスタンからパキスタン、それからインドのニューデリーへ。バスでのんびりタージ・マハール見物に行った。

カルカッタ（現・コルカタ）まで行き、さてここから飛行機で帰りますか、ということになった。ほかのメンバーたちは十分な金をもっているらしく、早々に飛行機のチケットを買った。わたしが一番貧乏だったらしく、怪しげな市場でカメラから下着まで売れるものはなんでも売り払った。それでやっとこさ、カルカッタから香港経由で大阪までの航空チケット代の不足分をひねり出すことができたのである。

香港では二日ほど時間があったが、もうめんどくさくてホテルから一歩も外に出なかった。そしてついに大阪空港へ帰ってきた。日本人の人混みを見て、うわあ、全員髪の毛が真っ黒だ、というのが帰国時の第一印象だった。十ヵ月の旅だった。

人生のハイライトだった。

第5章

映画と写真と絵画と

半年間、映画を見つづけた

二〇一九年後半から二〇二〇年前半にかけて、半年間映画を集中して見た。ツタヤが月一一〇〇円（税込み）で旧作見放題というプレミアム会員のサービスをやっていて、それに乗ったのである。わたしは学生時代から（というか、元々は母の影響で小学生の頃から）映画が好きでよく見ていた。学生時代は映画館で、会社勤めのときはレンタルビデオで、そして定年退職後はレンタルＤＶＤで見ている。もちろんそうきっちりと分けることはできないが。

恋愛映画とホラー映画以外はほとんど見る。もうこの歳になると恋愛映画がめんどうくさい。ばかばかしくもある。わたしが見る基準はおもしろさが一番で、見て、心が気分のいいほうに動かされる映画が好きだ。気分が沈鬱になったり心が重くなるのも見ないわけではないが、ただただ不快になる映画は嫌である。

映画を見ることで、わたしが人間的に成長したとか、深く考える力が養われたとか、人間の機微がわかるようになったとか、そういうことはない。映画を見ても人間は成長しないと思う。小説を読んでも成長しないのとおなじ、スポーツをやっても竹を割ったようなさっぱりした性格にならないのとおなじである。

しかし生活の幅は広がったとか、生活が豊かになったといえるならいいのだが、それもおぼつかない。映画を見ないよりは見るほうが、確かに幅は広がっているといえるかもしれないが、わたしは「豊かさ」というものがよくわからないのである。映画を見ると、心に染みる言葉や感動的な場面が記憶として残ることがある。少し思考が膨らむ気がすることもある。その感覚体験や感情体験をなにかが「豊か」になることである、といえるならば、一応そういえるかもしれない。

半年間で約三〇〇本ほど見た。深夜、毎日一〜三本見た。それが楽しみになった。しかし一晩に三本はさすがに見すぎである。三本目になると、頭がボーッとなり、内容などどうでもよくなるのだ。やるもんじゃないっす。それに毎日何時間も見たせいか、半年近く経ってくるとDVDデッキが熱をもって、見ている途中にダウンするようになった。自己診断機能とかいうやつが作動して、勝手に電源が落ちるのである。デッキを三十分とか一時間とか時間を空け、冷ましながら見ていた。

わたしが見るのはほとんどが洋画だが、アクション、サスペンス、戦争、社会派、となんでも見た。日本映画は主として時代ものである。ただ韓国映画だけは見ていない。韓国のテレビドラマも韓国映画も、どうせ大したものじゃあるまいと頑なに無視した。その背景には、わたしの韓国嫌いも影響している。

一九六八年に金日成暗殺のために創設された暗殺部隊を描いた実話『シルミド』(二〇〇三)を見たのが唯一の例外である(じつはほかにもう一本ある)。こんな事実があったのかと鮮烈な印象があったが、なんだか一本調子だなと舐めてしまい、それ以上関心が広がることもなかった。わたしにとって、この映画が韓国映画の基準になったのである。

いまはプレミアム会員も解約し、新作で見たい映画が五本溜まるとそのつど見ている。一一〇〇円で借りられる。しかし見たいのが五本溜まることはそれほどなく、一ヵ月に一回あるかなしかである。傑作は少ない。

食わず嫌いには理由がある

わたしは韓国に対して(中国に対しても)いささか偏見をもっている。はっきりいえば、好きではない。が、この偏見の骨格は、マスコミで報道される韓国のイメージによってつくられたものである。韓国民の反日姿勢、少女像を世界の街に設置しようとしていること、竹島の占拠、旭日旗に目くじらを立てる、サッカーや野球の試合でのけんか腰。剣道も柔道も空手も茶道も折り紙も寿司も和牛も、なんでも韓国発祥だといいだすこと。

しかし韓国民が全員「反日が生きがい」という人ばかりではあるまい、とわたしも頭ではわかっている。多くの人は無関心か、どちらかといえば嫌い、ぐらいだろうが、なかには日本が好きという人もわりといそうである。

二〇〇三年、『冬のソナタ』が日本のおばさんの間で爆発的に人気となり、それ以来韓流ブームが高まった。佐野洋子もそのひとりで、韓国のテレビドラマのＤＶＤを借りまくり、日本のおばさんたちはさびしいのよ、とわけのわからないことをいっていた。そうなると悪いところも見えなくなる。しかし先に挙げた、なんでもかんでも韓国発祥といいはっている事例は事実である。これは否定しようがない。

韓国旅行がブームとなり、テレビで向こうの繁華街や観光名所が紹介されるようになった。トッポギやスンドゥブチゲやチーズタッカルビなど（それくらいしか知らない）

の韓国グルメが人気になった。韓国の男優が続々来日するようになった。わたしには、だれがだれかもわからない、そもそも知る気がない。KARAをはじめ、TWICEやBTSなどのK-POPも人気である。手もなく、それらに飛びつく日本の女たちが嘆かわしいと思ったが、まあ好きにしなさい、とわたしは無関心だった。

ところが、ポン・ジュノ監督の『パラサイト　半地下の家族』(二〇一九)が二〇二〇年度アメリカのアカデミー賞で、国際長編映画賞ではなく、作品賞を受賞したのである。それがあまりにも評価が高くて、評判はいやでも目にも耳にも入ってくる。ポン・ジュノ監督は是枝裕和監督とも親交があり、わたしは是枝監督の映画をおもしろいと思わなかったので、『パラサイト』に興味はあったものの、さてどんなもんかねと。だれも気にしていないのに、ひとりで斜に構えていたのである。

もうごちゃごちゃいうより、見たいのだったらさっさと見たらよかろうこのじじい(わたしのこと)と思い、それもそうだと昨年末、DVDで見たのである。その結果、これが発想も展開もこれまでの邦画や洋画にもなかったもので、想像以上におもしろかったのだ。アメリカ人も毒気にあてられたのだろう。作品賞をあげてしまったのである。不覚にも、わたしもちょっと驚いたのである。

これは思っていたのとは全然ちがうぞと、おなじ監督の旧作品『グエムル—漢江の怪物—』(二〇〇六)も見てみた。これはまた『パラサイト』とはまったくちがい、漢江に中型の恐竜魚みたいな怪物が出現するのである。米軍駐留の実態を風刺したという見方もあるようだが、この怪物の姿かたちといい、発想といい、まあ笑ってしまうほどよくできている。すごい才能ではないか。いやいや韓国映画をあまりにも舐めすぎていた。まことに申し訳ないことである。

「過ちては改むるに憚ること勿《なか》れ」。いったん自分が間違っていたと思えば、素直にそのことを認めるわたしは、一気に韓国映画を自己解禁し、今年に入って二ヵ月足らずのうちにまとめて二十一本の作品を見たのである(もっぱら社会派映画、犯罪映画、戦争映画ばかりで、恋愛映画は好きでないから除外)。

じつをいうと『パラサイト』の前に、チャン・フン監督の『タクシー運転手　約束は海を越えて』(二〇一七)は見ていたのである。一九八〇年五月の光州事件を描いたもので、この事件には以前から興味があったのだ。当時、韓国ではこの事件は報道されなかったようである。光州事件に関しては、もうひとつキム・ジフン監督の『光州5・18』(二〇〇七)がある。『タクシー運転手』の十年前につくられた映画である。

一九七九年十二月、朴正熙《パクチョンヒ》大統領の暗殺後、全斗煥《チョンドゥファン》陸軍少将が率いる軍部が政権の座に就いた。全国的な民主化要求の声が高まるなか、軍事政権は一九八〇年五月、全国に戒厳令を布告した。光州の民主化要求デモは戒厳軍に弾圧されたが、学生も市民も武装して反撃し、その結果、市民に多数の死傷者を出した。それが光州事件だが、この二作品で、そういうことだったのかと、おおよそのところを知ることができた（NHKのオンデマンドに「光州事件」というのがあるのは知っていたが、オンデマンドというのが好きではないので見たことがなかった）。

全斗煥という大統領は覚えている。その次の盧泰愚《ノテウ》も。いまからわずか三十年前、一九九〇年代の前半まで韓国は軍部独裁政権だったのである。

韓国映画に度肝を抜かれる

『パラサイト』や光州事件の二作品以上に感心したのは、じつはこの軍部独裁政権時代を描いた二本の映画である。ヤン・ウソク監督・脚本の『弁護人』（二〇一三）とチャン・ジュナン監督の『1987、ある闘いの真実』（二〇一七）である。とくにこの二つの社会派の作品で、わたしは韓国映画のすごさを見せつけられたのである。いや、むしろ震撼したといっていい。おもしろくてたまらない。この「おもしろさ」の一語には「驚嘆、震撼、感動」も入るのである。

『弁護人』は、一九八一年の釜山で学生たちが逮捕拷問された事件（実話）での、ひとりの弁護士の闘いを描いたものである。弁護士時代の十六代大統領の盧武鉉《ノムヒョン》がモデルとされる。そのときに一緒に闘ったのが当時新人弁護士だった文在寅《ムンジェイン》現大統領である。裁判官、検事、警察相手に孤軍奮闘する主演のソン・ガンホの演技が大迫力で素晴らしい。この映画が一一〇〇万人の観客を動員したということも、ある意味韓国社会の国民性を現していて、わたしにはうらやましい。

『１９８７、ある闘いの真実』は、一九八七年、警察がソウル大学の学生を拷問致死させた事件（これも実話）が元になっている。この作品にも感動した。この二作品とも全斗煥大統領時代に起きた事件である。

朴正熙（在任期間一九六三―七九）政権時代の一九六八年に、北朝鮮特殊部隊による大統領暗殺未遂事件が起き、それ以来共産主義者への弾圧が始まり、無実の市民が逮捕拷問されるようになったといわれる。そういえば金芝河《キムジハ》という反体制詩人がいたことを思い出した。韓国の民主化が始まったのは金泳三《キムヨンサム》が十四代大統領になった一九九三年からであり、意外に最近なのである。

現在の韓国からは、B級グルメや、整形の話題や、二枚目俳優や、『愛の不時着』といったTVドラマのニュースばかりが流され、最新ではBTSとかいう音楽グループが世界を席巻しているという話題でもちきりである。そういう現象からは、もはや想像することも難しいが、この二作品を見ると、韓国民も大変な時代を生きてきたのだなと感銘を受ける。この二作品は正真正銘すごい映画である。こういう映画がつくられているとは知らなかった。日本映画はちょっと恥じ入ったほうがいい。

また韓国の俳優たちが見事である。とくに『弁護人』で弾圧の親玉の釜山警察署警監を演じているクァク・ドウォンという役者、それと『1987、ある闘いの真実』で元締めの治安本部対共捜査所長を演じたキム・ユンソクという役者が、いずれもふてぶてしく、恐ろしく、じつに憎々しいのである（『1987』のチェ検事役のハ・ジョンウも素晴らしい）。わたしは韓国の俳優をまったく知らず、全員はじめて見る俳優ばかりである。それだけに余計リアルで、つい俳優が演じていることを忘れてしまう。こいつ役者じゃなく、ほんまもんを連れてきたんじゃないのか、と錯覚しかねないのだ。いやあ、それにしてもこの歳になって、韓国映画に蒙を啓かれることになろうとは思いもしなかった。今年の収穫である。

あと社会派の映画では、チョン・ジヨン監督の『権力に告ぐ』(二〇一九)も見ごたえがある。「韓国最大の金融スキャンダル」といわれる事件に、ひとり敢然と立ち向かった下級検事の闘いを描いたものである。やはり社会派の映画が韓国映画では一番である。

暴力映画・犯罪映画も多くつくられている。これまた衝撃的であった。韓国映画の暴力シーンは尋常ではない。北野武監督の『アウトレイジ』が可愛く見えるほどである。チョン・ビョンギル監督の『殺人の告白』(二〇一二)、キム・テギュン監督の『暗数殺人』(二〇一九)、キム・ソンス監督の『アシュラ』(二〇一六)、カン・ユンソン監督の『犯罪都市』(二〇一七)が印象に残っている。

カメラ好き? 写真好き?

わたしは物欲が少ない、と書いたが、まったくないわけではない。いくつか欲しいものはあるが、そのひとつがカメラである。

小学校三年頃、手のひらに乗るほどのミニカメラをもっていた。小さいが本格的だったように思う。ほとんど記憶がないのだが、たぶん出張した父親が土産に買ってくれたものだと思う。ちゃんとフィルムが入っていた。しかし、なにも知らないものだから、巻き取ることもせずに、裏蓋を開けた。母に写真屋にもっていってもらったら、なにも写ってないよといわれた。あんな小さなフィルム、どこで買ったらいいのかわからず、そのカメラはそのままになり、いつしか失くしてしまった。

どうもわたしは、金属製の小型のものが好きなようだ（なぜか携帯電話は欲しくない）。ミニカメラによって、そういう性向が引き出されたのかもしれない。

小学生のときなぜかピストルが好きになり、絵を描いた。あの黒光りする重厚感とフォルムが好きだったのかもしれない。ワルサーとかルガーとかＳ＆Ｗとかコルトなどを覚えた。いまでも恥ずかしながら、『ＧＵＮ』という雑誌を見ることがある。モデルガンに少し興味があるのだ。アメリカの刑事小説を読んでいると、「グロック」とか「Ｈ＆Ｋ」（ヘックラー・アンド・コッホ）などの銃が出てくるが、現在はそんなのが流行りなのかと興味深い。ほとんどの人には無意味な情報だろうけど。

その他には、万年筆、ナイフに関心があり（もったことはない）、ライターも好きだ。ジッポも好きだが、フォルムはダンヒルの縦長のもののほうがより好ましい。どちらとも親指でフタを撥《は》ねあげ、やすりを指で回して着火させるツーアクションの操作がいいのだ。しかしタバコを止めたことでライターはまったく不要なものになってしまった。残念である。

その金属製の小型のもののなかで、一番好きなのはやはりカメラである。二十一歳で先に触れた欧州ヒッチハイク旅行をしたときに、はじめて中古の一眼レフを買った。いまは無きペトリだった。五十年前にはこういうメーカーがあったのだ。その後、勤めていた頃にペンタックスMEスーパーを買った。いい写真を撮りたいと思った。藤原新也の本を読んだのもその頃か。

写真集なるものを見るようになった。秋山庄太郎、立木義浩、荒木経惟、篠山紀信、鬼海弘雄などを見、梅佳代も人気になったときに、少しだけ見た。しかしわたしは木村伊兵衛も土門拳も田沼武能も、名前は知っているが、かれらの写真をきちんと見たことはない。写真好きといってもその程度である。ただの素人の趣味にすぎないが、デパートの報道写真展などにも行った。ロバート・キャパや沢田教一の戦場写真も見た。一ノ瀬泰造の『地雷を踏んだらサヨウナラ』を読んだりもした。

長倉洋海という写真家より、被写体のマスードという人物に魅かれて見た『マスード 愛しの大地アフガン』（河出書房新社）という写真集が印象に残っている。マスードはアフガニスタンに侵攻したソ連軍と戦い、かれらが退去したあとはタリバンを相手に戦った北部同盟軍司令官である。この写真集はマスードの信頼を得た長倉しか撮れなかった写真集で、「装甲車上のマスードと戦士たち 1992年」と「山での読書。横には戦士の子が寝ている 1983年」、それと表紙にもなっている「ジャンガラックの実家で 1983年」という写真が印象深い。マスードは二〇〇一年、暗殺された。四十八歳だった。

わたしはなにかに手をつけると、一応その方面のはしくれだという気になり、自分ではなにもしないくせに、その道の専門家たちが到達したレベルのものに関心を抱き、それをまるで自分の手柄のように思いこんでしまうという悪癖がある。だがこれはもうしかたがない。奈良に行くようになってからは入江泰吉を知った。丸山健二の庭園写真も見たり、もうおもしろそうだなと思ったものはなんでも見たのである。

わたしは定年退職をしたときに、これからはあり余る時間があるぞ、と思い、ニコンのＤ70を買った。まるっきりの初心者一眼レフである。これでわたしは沢木耕太郎や椎名誠のような写真を撮れるぞと思った。かれらの写真集は好きで、とくに沢木耕太郎の『天涯　第一　鳥は舞い　光は流れ』（スイッチパブリッシング）には感嘆した。沢木が旅の途次で撮ったスナップ写真が収録されているが、どれも見事である。こんな写真を撮るとは大したものだとうらやましかった。そこにまたジャン・グルニエやサローヤンや高見順やメルヴィルやセリーヌといった（ほかにもある）文学者たちの文章が添えられている。シンプルな装丁とともに、完璧な一冊だ。

しかし写真家で度肝を抜かれたのはなんといっても白川義員《よしかず》の写真である。一九三五年愛媛県生まれ。今年八十六歳。『旧約聖書の世界』『新約聖書の世界』『世界百名山』『永遠の日本』『仏教伝来』『天地創造』（以上小学館）などの大作ばかりを撮りつづけている。「地球再発見による人間性回復へ」という壮大なテーマのもと、氏ほど命をかけて写真を撮りつづけている写真家は世界にふたりといない。

かれの写真集は、本屋で本自体を見かけることさえない。高価すぎて、図書館に頼むことすら憚られる。残念である。『聖書の世界』（新潮社）の九十八―九十九頁の「稲妻走るエレサレム　イエスの死の瞬間を思わせる」というキャプションがついた写真はどうやって撮ったのだろうと思わざるをえない。白川氏が一枚の写真を撮るのにどれだけの時間と労力をかけるかを、なにかのテレビ番組で見て知っている。

白川氏の写真はスナップ写真の対極にある。一瞬を撮るために、調べ、計算し、待つ。保山氏のような映像は映像で美しい。しかし白川氏が撮りつづけているような一枚の写真の価値は永遠に残りつづけるだろう。映像は流れる。写真は止まっている。流れる時間も美しい、一瞬も美しい。白川義員氏の業績は偉大である。日本が世界に誇るべき人であり、優に文化勲章に値する写真家である。

もうコンパクト・デジカメで十分だ

わたしはとにかくシャープな写真が撮りたかった。それで初心者用とはいえ一応一眼レフを購入した。しかもカメラの性能は日進月歩でよくなっているはずである。ならばシャッターを切れば、ずぶの素人でもシャープでクリアな写真が撮れるはずだと期待したのだ。ところが撮れなかったのである。わたしとおなじで、いくら撮ってもボーッとした写真にしかならなかったのだ。がっかりである。

やはりわたしが下手なのか。しかしわたしには「写真の撮り方」を勉強しようという気がない。だれもがふつうにきれいな写真が撮れるはずではないか、という恨みがましい気分になるばかりだ。店のカメラ売場の近くに置いてあるサンプル写真を見てもきれいではないか。あれでいいのだ。

そうこうするうち、あることに気づいた。わたしはカメラのメモリーをパソコンにダウンロードして写真をパソコン画面で見るだけである。プリントなどしたことがない。もしかしてシャープでクリアに見えないのは、安物のパソコンの画面の解像度が低いせいではないのか、と思ったのである。

しかしそれもおかしい。インターネットなどで見る写真はじつに鮮明ではないか。もうわけがわからず、どうでもよくなった。見栄をはって一眼レフなんぞにこだわったわたしが悪いのである。いまとなってはD70も異常にでかくて重たい。やめたやめた、おれはコンパクトカメラでいいんだと、キヤノンSX720HSを買った（こんな型番を書いてもわからないだろうけど、要するに二、三万円の安いもの）。

もうこれでええっす。十分である。毎日リュックに入れてもち歩いている。夏の雲を撮り、道端の花を撮り、きれいなマンホールを撮り、登校する小学生を撮る。おっ、と思ったものはなんでも撮るのだ。「いい写真」などもう気にしない。毎日撮らないから日記代わりにはならないが、感覚の記録みたいなものだ。きれいな、美しい、感動する写真は、人のものを見ることにした。

一番新しい写真集を見たのは椎名誠の『こんな写真を撮ってきた』(新日本出版社)である。全部、白黒写真なのだが、なんというか少し茶色がかっているというか、赤みがかっているというか、完全な白黒写真ではない。鬼海弘雄『ペルソナ』の色合いと似ている。「カメラマンになりたい」と思っていた椎名誠が、雑誌『アサヒカメラ』に三十四年間連載した写真のなかから選んだもので、旅の途中で撮った人や風景が収録されている。椎名誠のやさしさがわかる。

当時かれが愛用していたカメラは「コンタックスT2」というカメラで、「シャッターを押せばもう誰でも撮れてしまう」ものだったと書いている(もうウソでしょ、これ)。沢木耕太郎も『天涯』を撮ったときは交換レンズもストロボももたず、「安価なカメラ」で撮ったと書いている(のちにミノルタのなんたらかんたらをもってたはずである)。沢木耕太郎といい椎名誠といい、写真はカメラではないということがわかる。それじゃなんだ? やはり腕というほかないのか。

椎名誠のこの写真集には、馬を疾駆させているモンゴルの少年たちや、幼い友だち同士、少女歌唱隊、ゲルで留守番をしていた子、波止場で人形を背負っている島の少女、柵に足をかけている園児、電車でひとり本を読んでいる少女、紙をくわえて祭礼で歩く美少女、といった「人」と、人々が生きる初源の「風景」が写し出されている。文庫本でもっていたいくらいだ。

写真はスナップ写真である。なんの邪念もない、なんの悪意もない、そのまままっすぐ育ってくれと祈りたくなるような人、子ども、女の人。いわば「人間元素」と風景の「自然元素」が合わさって、「社会元素」が撮られているように見える。どの一枚を見ても、心がなごむ写真ばかりだ。

ソール・ライターの写真

二〇一七年、渋谷のBunkamura　ザ・ミュージアムで「ニューヨークが生んだ伝説　写真家ソール・ライター展」を見に行った。

「ソール・ライター　Saul Leiter」という、人名らしからぬがいい名前をもったこの人物は、八十三歳のときドイツの出版社から初の写真集が出て、一躍注目されるようになった写真家である。

かれは一九二三年、ピッツバーグのユダヤ教のラビの家庭に生まれた。厳しい戒律のなかで育ったが、ライターは画家になるべく家を出てニューヨークに行き、のち写真家になった。かれを唯一理解してくれたのは妹のデボラだった。だが彼女はやがて精神の病に襲われた。ライターは彼女の写真をたくさん撮っている。

最初はファッション関係の写真を撮った。だがビジネス優先の顧客との関係に嫌気がさし、仕事を断るようになる。その後五十年以上、街中のスナップ写真を撮りつづけた。発表するあてもそのつもりもなく、ゴミ箱、タクシー、街角、通行人、バス、乗客、雪、雨、傘、ガラス窓など、こんなものが写真になるのかというものばかり撮りつづけた。そこがこの写真家の希有なところだ。しかも自信をもっている。「私は単純なものの美を信じている。もっともつまらないと思われているものに興味深いものが潜んでいると信じているのだ」

ソール・ライターの写真に魅かれることは、かれの生き方に魅かれることでもある。かれの生き方は、かれの言葉に示されている。かれはインタビューに答えている。驚かされるのは自己評価の低さと自我の抑えこみである。「私は注目を浴びることに慣れていない。私が慣れているのは放っておかれることだ」「取るに足りない存在でいることには、はかりしれない利点がある」「偉い人間だなんて思って生きてこなかった」（『写真家ソール・ライター　急がない人生で見つけた13のこと』DVD本編75分、特典映像15分、ポニーキャニオン）

かれは小柄である。猫背でややがに股。いつもカメラをもっているが、歩く姿はただのおじいさんである。「80歳にもなって街を歩くと、ふと窓を見たときに、年寄りが一緒に歩いている。それが自分だと悟るのさ」。かれはモデルだったソームズという女性を愛した。「本があるのは楽しかった。絵を見るのも楽しかった。だれかが一緒にいるのも楽しかった。互いに大切に思えるだれかが」。かれはまっとうな人生を生きたのである。

NHKの『日曜美術館』でも特集をやっている。「写真家ソール・ライター　いつもの毎日でみつけた宝物」（二〇二〇・二・九）である。ソール・ライターの写真は究極のスナップ写真である。ストリート・スナップと呼ばれる。かれの写真の特徴を「ポイントカラー」「ガラス」「3分の1構図」としている。「私たちは色彩の世界で生きている。私たちは色彩に囲まれているのだ」

だがかれのスナップを真似しようとしてもわたしにはできない。「ソール・ライター」という名前に負けるからではない。感覚がまるでちがうのだ。わたしたちの感覚は、「単純なものの美」をほんとうには信じ切れていないからである。だからどこにそんな「美」があるのか、いつシャッターを押せば、その「美」が撮れるのか、がわからないのである。

かれの言葉でわたしが好きな言葉は、「私には哲学はない。私にはカメラがある」であり、「カメラを持って出かけて写真を撮る。瞬間を捉えるのが楽しいから」である。ライターはほんとうに楽しいこと、ほんとうに美しいものがなにかをわかっていた人である。かれのように生きたいと思う。

一番好きなワイエスの絵画

いうまでもないことだが、わたしは写真にしても美術にしても全然詳しくはない。わたしの感覚に合った好きな写真や絵画を見ているだけだから、ものすごく狭い。それに読書や映画ほど、新作が出ていないかどうか（展覧会が開かれているかどうか）をつねに気をつけているわけではない。だから展覧会はよく見逃す。いまでもそうだ。絵はなにかのフシに、思い出して見る程度である。

アンドリュー・ワイエスの絵は、死んだ兄が教えてくれた。ワイエスだけではない。絵になんの興味もなかったわたしに、東山魁夷もイリヤ・レーピンも教えてくれた。兄は金がなかったはずなのに、多くの展覧会に行ったらしく、図録も買っていた。わたしたちが二人で住んでいたアパートに十数冊はあったか。わたしは暇なときに、それらの一冊一冊を見ていった。

そのあとは手探りで、西欧の有名画家たちの画集を見始めた。そんなに入れ込んでいたわけではない。気が向いたら見てみる、といった程度だった。二十代のとき、図書館に行った覚えはないのだが、なんで見たのだろう。兄が図録のほかに、美術全集みたいなものを買っていたのか。兄は小説を読み、絵画が好きだったので、これは十分ありうる。当時は多くの美術全集が出ていたのである。

わたしの好きな画家（絵）は自然と決まっていった。精密な具象画を描く画家である。ワイエスはその筆頭だった。ホキ美術館のスーパーリアリズム、山岳画家の吉田博、夭折の画家犬塚勉、バーニー・フュークスなどが好きだが、ほかには川瀬巴水、安田靫彦《ゆきひこ》の展覧会に行った程度である。わたしの情報源はもっぱらＮＨＫの『日曜美術館』とテレビ東京の『新・美の巨人たち』である。右に挙げた画家のほとんどは、このふたつの番組で知ったものである。

ワイエスの絵のどこがいいか。一目見て、ああこれは好きな絵だな、と思ったのである。理屈ではない。人物を描いても、樹木を描いても、農家を描いても、茶色を基調とした静謐なリアリズムが衝迫的なのである。わたしの心にピッタリ合い、絵の愉しさを教えてくれる絵だ。眼前に絵がないのにこんなことを書いても困るだろうけど、たとえば「カーナー夫妻」「アダム」「松ぼっくり男爵」「クリスティーナの世界」「ティールの島」など、ピタッとくるのである。

ワイエスの展覧会には二度行った。一回は世田谷美術館だったと記憶するが、二回目はどこだったか。場所は覚えていないが、展示の内容は覚えている。ワイエスの近所の農家の主婦だったヘルガを描いた「ヘルガ展」だった（いま調べてみたら、一九九〇年、池袋のセゾン美術館《現・セゾン現代美術館》だった。図録を買ったはずなのに行方不明である）。

抽象画や現代美術はいけない。それ以外ならとりあえず見る。ミロやピカソの抽象画など、美術評論家がなんといおうと、またバカみたいな巨額の値がつこうと、わたしにはつまらない。それらの絵をわかったふうに装う義理もなければ、感心した振りをする必要性もない。

ミロの絵を見た素人が、こんなんだったらおれにも描けるよな、といったりして、それは正しいといっていいのだが、だけどやはりあんたが描いちゃだめなのよ。いや描いてもいいのだけど、それはただの落書き。

バンクシー程度の絵なら、世の中に描ける人はごまんといるはずである。はるかに上手な人だってたくさんいる。けれども、どっかのバカが「バンクシー」に何千万円も払ったもんだから、しかたないのである（いまでは億単位）。でたらめがいったん価値として成立してしまうと、もうだれも否といえないのだ。

わたしの絵画好きはいい加減である。好きな絵が好きなことはたしかである。自在置物や工芸品を見たりするのも好きである。しかしその好きは、ただ好き、というだけで、だからなんだ、といわれておしまいなものだ。展覧会に行くと、もう半分くらいは飽きている。だから途中から、主だった作品だけに集中して、あとは軽く流してしまう。おれはほんとうは絵がそれほど好きじゃないんじゃないかと思うことがある。ただの好事家か。いや好事家までもいかない。好事家気取りのただの俗物か。

自然元素と身体元素以外は、どんなに楽しいものでもおまけである、と書いた。映画や音楽はわたしの心の元素になる価値がある。だが写真や絵画はそこまで不可欠性はないようである。本は間違いなく心の元素である。

第6章

喫茶店で音楽を聴きながら外を見る

好きでなかった「ジャズ」を聴く

ある時、友人がしみじみと、おれ外に出ても本屋以外、行くところがないんだよなあ、といった。本人はいったことも忘れているだろうが、うら寂しくも好ましいこの言葉が、なぜかわたしの記憶にはいつまでも残っている。わたしはそれを聞いて、おれもおなじようなもんだよ、と思ったのだった。しかしかれは酒好きだから、酒場には行くだろう。わたしはそこにも行かない。かれよりも行くところが少ないのである。その当時だったら、せいぜいパチンコ屋くらいか。

わたしは古希を軽く過ぎたいまでも、行くところがない。しかし外に出るのは異常に好きで、徒歩であれ自転車であれ、台風や大雪でないかぎり、ほぼ毎日出かける。が、行くところがないのだ。それで本屋か喫茶店か公園ということになるのだが、それでいいのだ。無理に趣味をつくって釣りをしたり、ゴルフの打ちっぱなしに行こうとか全然思わない。なにより、外の空気を吸うことが好きなのだから。

二十代の初めの頃、ひょんなことでジャズを聴くようになった。その流れで、ジャズ喫茶に行くようになった。新宿の紀伊國屋書店から伊勢丹方向へ向かった数店先の二階に「サムライ」というジャズ喫茶があった。そこにはよく行った。店内がほぼ真っ暗で最初はめんくらった。ジャズだけが流れている。

目が慣れてくると、そこここに客が無言で座っていて(ほとんど、ひとり客)、なにやってんだこいつらはと気色わるかったが、いつのまにかわたしもその一員になっていた。たまに歌舞伎町の「ポニー」や「DIG」にも行った。会社の昼休みや終業後にはお茶の水の「響」にもよく通ったが、いつしか閉店してしまった。ずいぶんジャズ喫茶も少なくなったのではないか。

ジャズ喫茶のいいところは人の話し声がないことである。音楽しかない。客のリクエスト曲がかかることもある。そうすると店主が、(いまかかっている曲はこれですよ)と知らせるのにジャケットを掲示するのだ。わたしも何回かリクエストをしたことがある。するとたまに、(この演奏はだれなんだ、なんちゅう曲なのだ)、と掲示されたジャケットを手にとるために席を立つ客がいたりするのである。そういうときは、少しうれしくなる。(お気に召しましたかな、この曲?)というわけだ。

と、いっぱしのジャズファンのような顔をして書いているが、わたしの好きなジャズは本道ではなく、脇道のほうである。一通り、有名なジャズプレーヤーの曲や名盤といわれるものは聴いてみた。ＭＪＱ、マイルス、ロリンズ、ガレスピー、ミンガス、オスカー・ピーターソン、ビル・エヴァンス、ロン・カーター、マッコイ・タイナーなどなど。だがジョン・コルトレーンもチャーリー・パーカーもほんとうには好きになれなかった。わたしはジャズを聴く資格がなかったのかもしれない。

以前も書いたことがあると思うが、わたしが好きになったのはアルゼンチンのサックス奏者ガトー・バルビエリである。とくにアルバム『Chapter One』である。あとはケニー・ドリューの『Undercurrent』であり、クリフォード・ジョーダンの『CLIFORD JORDAN IN THE WORLD』などである。ね、ちょっと癖があるでしょ？　知っている人はわかるだろうけど、ほかの人は知らんか。ほかにはキース・ジャレットのソロコンサートもパイプオルガンのアルバムも好きだった。

わたしはほんとうのジャズ好きではないのかもしれない、と思うことがある。ジャズに分類されるいくつかの曲を好きになっただけかもしれない。まあ、わたしはそれでいいのだが。ジャズに興味のない方にはおもしろくない話題だろうからもうやめるが、元々わたし自身がジャズなんかまったく興味がなかったのである。

まず「ジャズ」という言葉の響きが好きじゃなかった。しかしいまから五十年前、一九七〇年前後にはジャズが人気があったのである。その証拠にジャズ喫茶というものが相当あったことでもわかる。ライブハウスもあった。で、ジャズ評論家だった大橋巨泉なんかが、「ダンモ」はねえ、とかいって嫌味をかましていた時代である。タモリにもジャズ関連の発言があったような。

当時は世界的にもジャズは人気だったようで、外国人プレーヤーもよく来日していた（わたしもマイルス・デイヴィスやソニー・ロリンズの演奏を見に行った）。ウィントン・マルサリスとかフレディ・ハバードなどの若手も次々に出てきた時代である。山下洋輔や日野皓正も人気があった。

わたしは山下洋輔の本（『風雲ジャズ帖』とか）は好きでよく読んでいたのだが、かれのフリージャズにはまったくついていけなかった。小曽根真や渡辺香津美が出てきたのはもう少しあとか。かれらは「モダンジャズ」を通ぶって芸能界用語風に「ダンモ」とかいってたわけだが、もうそのあたりの雰囲気が嫌でしょ？　わたしは、「ケッ！　なにがダンモだ」と思って毛嫌いしていたのである。

しかしある日ある時、不意打ちのかたちで、ガトーの「La China Leoncia」という曲に電撃的に撃たれたからしかたないのである。自分の嫌いなものは舐めてかかる、というのがわたしの悪い癖である。ジャズも中島みゆきも韓国映画もそうである。どっちみち大したものであるわけがない、と舐めてかかって、それが一転、これはすごいものだということになる。自分の短見をすぐ改めるところはわたしの良い癖である。

現在、ジャズ喫茶に行くことはない。「響」が閉店してから、もう三十年以上もジャズ喫茶には行っていない。しかしジャズ音楽はいまでもたまに聴く。デジタルプレーヤーに入れてある。歌の入った音楽がうるさいときは、こちらを聴く。いい気分になることができる。ひとつ未知だったジャンルの音楽を聴くことができるということは、これもわたしの生活を豊かにしていることになるのか。ただそんな意識は全然ない。ただいい気分になるから聴くだけである。

わたしの十五パーセントはポピュラー音楽でできている

わたしは、五木寛之とおなじように、喫茶店で本を読むのが好きである。喫茶店、アイスコーヒー、タバコの三種の組み合わせは、わたしが心からくつろげる最高の環境であった（それにプラス、本は必須である）。だがそれもタバコをやめたことで崩れてしまった。あれほど、店に入る前にタバコが吸えるかと訊いていたのに、もう喫煙目的店にはまったく用がなくなった。むしろ忌避している。こんなことになるとは夢にも思わなかったが、これも世の常、しかたがない。

喫茶店ならどんな店でもいいというわけではない。わたしが、ここはいい雰囲気の店だなと感じる店で、しかもいつも空いている店がいい。わたしが住んでいる町に、十年ほど前までそういう店が一軒あった。だがいつも空いているということは儲からないということだ。で、数年頑張っていたのだが、やはりつぶれてしまった。相当世話になった店だった。

その後、なんとか合格ラインの店を二店見つけた。そんな店を探すのは大変なのだ。だが昨年来のコロナ禍でその二店とも閉店になり、弱ってしまった。ますます行くところがなくなり、現在、追い詰められている状態である。背に腹は代えられず、やむなくドトールやマクドナルドに行くこともあるが、ほんとうは好きではない。マクドナルドには高校生やおばあさんたちが多く、落ち着かない。

喫茶店に入るとき、音楽は必須である。音楽そのものを聴くためでもあるのだが、人の話し声を遮断するためにも必要である。音楽はデジタルプレーヤーに入れてある。三年ほど前まではカセット・ウォークマンを使用していて、何年も重宝していたのだが、ついにダメになってしまった。聴く音楽は基本的に和洋のポピュラー音楽である。ポップスとはいえ、ようするに歌謡曲である。

いい歳をしてポピュラー音楽（ロックも含む）を聴いている、というのも恥ずかしい。が、見栄をはってクラシックやオペラが好きだとか偽ってもしょうがない。すぐバレるし。恥ずかしいというのも、世間的にはクラシックのほうがポップスなんかより、深く、高級で、格上というイメージがあるからである。あっちは大人の感性で、こっちはまだ子どものままの感性。

だが、それもイメージだけである。わたしはクラシック好きにもろくでもないやつがいる、ということを知っている。もちろん、ポップス好きもおなじである。音楽好きも、花好きも、動物好きも、また本好きも、なんらその人間の人間性の品格を証明するものではない。だめなやつはなにをしてもだめだし、なにもしないやつでもいいやつはいいやつなのである。

わたしは中学二年のとき、大分から佐賀県の伊万里市に転校した。この町でわたしは洋楽のポップ音楽に開眼したのである（英語の発音にも開眼した。伊万里中学の英語は驚くほど本格的だったのだ）。中学一年まではもっぱら邦楽ばかりで、小学生のわたしが三橋美智也や春日八郎、フランク永井といったおじさん歌手の歌を聴き、口ずさんでいたのである。あの当時、子ども用の歌はなかった。のちの橋幸夫、舟木一夫、西郷輝彦の登場まで待つしかなかったのである。

あまり鮮明ではないのだが、わたしは伊万里の町でたぶんラジオを聴くようになったのだろう。あの頃は、外国のポピュラー音楽を紹介する番組が多かった。海外に目と耳が開かれたのだ。テレビでも、イタリアで開かれていたサンレモ音楽祭の様子が放映されたりして、ヨーロッパのポピュラー音楽も盛んだった。いまでは信じられないが、フランスやイタリアのヒット曲も数多くあった。その最高峰がシルヴィ・ヴァルタンの「アイドルを探せ」だろう。

ミッシェル・ポルナレフやフランス・ギャルやジリオラ・チンクエッティやボビー・ソロなども人気だったが、いまでは若い人で知る人は皆無だろう。ミーナの「砂に消えた涙」やジャンニ・ナザーロの「恋は鳩のように」、ジャンニ・モランディの「貴方にひざまづいて」が懐かしい。ニニ・ロッソのトランペットもあったな。かれらが知られていないのもしかたがない。流行歌とはそういうものだから。わたしだっていまの歌手や歌にはまったく興味がないのだから。

その仏伊の人気が廃れると、英米一色になった。どんな歌手や曲を聴いていたのかといいだすと、収拾がつかなくなるからやめておく。ただ、いまから思えば、一九六〇年代、七〇年代のポップスは名曲揃いだった。何百曲という名曲があった。日本の昭和の歌謡曲もまた無数の名曲で満ちている。なにしろ筒美京平という天才がいた。名曲とは一にも二にもメロディである。河合奈保子の「ハーフムーン・セレナーデ」など絶品である。いつまでも記憶に残る、傑出した美しいメロディが生みだされたのである。だから当時は国民的ヒット作や全世界的ヒット作というものがあった。

わたしという人間（感覚、美意識、価値観）の十五パーセントくらいはそのポピュラー音楽（ロック、歌謡曲を含む）でできているといっていい。

ついでにいっておくと、十五パーセントが読んだ本、十パーセントがわたしが育った大分県竹田市という環境、十五パーセントが出会った人々、二十五パーセントが父と母、そして残る二十パーセントが吉本隆明さん（ちょっと大きすぎるか？）でできている、ということになるような気がする。もちろん、この割合はけっこう適当である。が、まるっきりの偽りというわけでもない。

だんだん世間の流行り事に興味がなくなっていく

現在の音楽にほとんど興味がない（ますます興味がなくなっている）。いつの頃からか全国的ヒット曲や全世界的ヒット曲というものがなくなってしまった。ビートルズやマイケル・ジャクソン以後、そうなのではないか。根本原因は歌からメロディがなくなったからだと思う。それでも毎週人気ベスト10は発表されている。若い人たちはいまの音楽のどこがいいのか。ランキング上位に入っている曲を聞いてみても（ほんのちょっとだけ）、さっぱりわからない。

現在の歌はラップに象徴されるように（わたしはこのラップというやつが嫌いである）、大衆音楽はリズム主体になったようなのである。他方、アイドル・グループなるものが乱造乱立するようになり、歌自体の価値というよりも、ビジネス価値が優先されるような風潮ができあがってしまった。ＮＨＫまでがＡＫＢ48の「総選挙」を国民的関心事といい、ニュースで報じる始末であった（ついでにいっておくと、お笑いコンビ「雨上がり決死隊」の解散についても延々と報じた）。もう、ばか丸出し。

考えてみれば、文学はまず古典を読むのがあたりまえとされていて、だれも疑わない。クラシック音楽や絵画にしても、昔の作品を聴き、見るのが常識である。むしろ現在のものより、古典のほうが価値は高い。

それが歌謡曲やポップスという大衆音楽になると、まったく逆になる。昔の曲はよくて無関心、下手をすると、古臭いと軽蔑の対象である。昔、父母がよく「懐メロ」番組を見ていた。わたしはいつもどこがいいんだろうと思っていたが、おかげで一世代、二世代前の懐メロをたくさん覚えたものだ。

去年の新型コロナ発生以来、世の中で行われていて、大半の人がいまだに関心をもっている多くのことに、以前ほど興味がなくなってしまった。なぜかはわからない。興味や関心が大いにある、と思っていたものが、元々おもしろくなかったのか。音楽を聴くのは昔のものだけである。もうそれだけで十分である。元々そうだったのだが、ますますその傾向が強まってきた。音楽はまだいい。昔のものが残っているから。

もうプロ野球がおもしろくない。こういうことをいうと怒られるが、セパ両リーグでペナントレースをやっているのが、信じられない。まったく興味がなくなってしまった。前は一応広島カープを応援していたが、今年はかろうじて四位。だからといってもうなんとも思わない。カープ女子たちも一人残らず去っていったようだ。森下暢仁《まさと》というイキのいい投手がいることは知っているが、もうチームの成績に興味がない。それにしては割と知っているではないかと思われるだろうが、向こうから勝手に入ってきたニュースである。

サッカーもほとんど興味がなくなった。日本代表のメンバーがほとんどわからなくなった（全然追っていないから当然だ）。中田英寿や中村俊輔らがいたときが最高だった。来年カタールでW杯が開かれる。まだ日本が出場すると決まってはいないが、それなりの関心はある。しかしアジア最終予選を勝ち抜けなくてもあまり落胆しない気がする（たぶん勝ち抜くだろうけど、だめかもしれない）。相撲も白鵬がのさばり始めた頃からつまらなくなった。まだ宇良だけは応援しているが。

F1もさっぱりだ。中島悟以来ずっと見ていたが、テレビ中継がなくなると同時に終わった。角田裕毅という新人がどこまで闘うか、一応見てはいるが、いまのところ前評判ほどかんばしくない。インディも佐藤琢磨が優勝したときだけ、頑張ってるなあと思うだけである（とはいえ、その映像は見る）。

テニスは錦織圭の凋落とともに、関心も薄くなっている。ダニエル太郎や西岡良仁であり、若手も伸びないしなあ。外国勢のなかには試合中に喚きちらす選手が増えて不快であり、さらに二メートル前後の巨人みたいな選手も増えてきて、試合がおもしろくない。かれらはテニス・プレーヤーではなくテニス・サーバーである。残念なことに、大坂なおみも終わりそうだ。

新しいスポーツにはまったく興味がない。なんだ、eスポーツって（なんだ、テレ東の『有吉ぃぃeeeee!』ってのは）。大会賞金が巨額だからって、すぐ飛びつくんじゃないよマスコミは。スケボーって遊びじゃないか。たしかに技は難しいらしいが、スリーシックスティなんたらかんたらとかいってるが、一回転ということではないか。だったら剣玉も種目に入れてやれよ。もうこういうことをいってはいけないことになっているけど、ゴールボールとかボッチャとか無理矢理な競技じゃないか。

芸人やタレントたちが疎ましくなってきた。オリンピックは一通り見た。それなりに楽しめたといっていい。だがテレビ局ごとに、番組ごとに、タレントやかつてのオリンピアンが出てくるのが鬱陶しかった（芸能人を使ったCMもばかばかしい）。陸上の朝原宣治や高平慎士らの解説は気持ちがよかったが、タレント気取りのオリンピアンは邪魔だった。日本の応援団長気取りの松岡修造も嘘くささやわざとらしさが鼻についてきた。もういい。

芸人は、わたしの好き嫌いだけでいえば、サンドウィッチマンとナイツと銀シャリだけで十分である。その他の芸人たちはいらない。といってもしかたがないが、中堅以上の芸人はいまや俳優やスポーツ選手や他分野の人間たちから一目置かれる存在となり、のさばっている。わたしはのさばる人間が嫌いなのだ。無理矢理つくられた第七世代など話にもならない。もはやお笑い業界は、おもしろくない連中が増えすぎて、かれらがお互いに笑い合って相互に支え合うという互助会に堕している。

コンテンツも容器も品質が低劣

政治家をコンテンツと考えれば、政治という容器とそのなかに入っている政治家の質が低質である。その考えでいけば、首相と官邸官僚、五輪組織委員会と役員、新聞社と記者、テレビ局と局員、企業と会社員が内外ともに腐食している。もちろん、うちはまだ大丈夫だよというところがあろうが、一々、例外はある、とか言い訳をするのもめんどうなので、自衛隊もスポーツ団体も学校も一律だめ、ということにしておく。それでも納得できない場合、それぞれ個々に、おれんとこはちがうけどな、と思っていただければいい。

歳をとって、わたしは人間性が貧弱になりつつあるのか。いろいろなことに興味も関心もなくなることは典型的に老化の証拠といわれるが、もう老化でええっす。反論する気もおきないし、そのつもりもない。歳をとると怒りっぽくなるともいわれる。たしかにあたっている。わたしの破れかぶれもその表れか。

けれど、無理ばかりがのさばって、道理が踏み潰される現在の世界や現在の日本に関心をもて、というほうが無理ではないか。中国みたいな新興国とその国民がもうだめである。ミャンマー（なぜビルマといわない）みたいな途上国と軍人がだめである。IOCと委員のざまはすでに東京で見た通りだが、イスラム教と信者（ISあるいはタリバン）はどうなっている？　組織のなかはパワハラとセクハラが蔓延。テレビでは報道の使命を謳いながら、じつは視聴率だけが命。ニュースを報じるといいながら、じつはこっそりとアナウンサーの自己アピールばかり。国民もスポーツ選手も口を開けば「感謝、感謝」ばかり。

いまわかったことでもないが、世界は進化しない。それを促進させることができない。退化させる勢力があり、それを阻止できない。いや、促進させ退化を阻止しようとしている組織はあり、人はいる。絶対にあきらめない人たちがいる。わたしはかれらを尊敬する。リスペクトではない（なんだリスペクトって。ほかの英語も使ってみろよ、と思う）。尊敬である。けれど、わたしはもうあきらめている。あきらめさせてよ。あきらめるのはわたしの勝手である。

もう自然元素と身体元素以外のすべての人工物が疎ましい。人間も自然物のような顔をしているが、人間たち（社会）によってつくられた人工物である。すくなくともその側面をもっている。わたしにできることは、そのような人工物からできるだけ遠ざかることである。そうして、これまた可能ならひっそりと、「たゞしづかなるを望《のぞみ》とし、憂《うれ》へ無きをたのしみとす」る生活を送るだけである。

いろいろなことに興味をもつことは、人間や生活が豊かになることだといわれる。ほんとうか。決まり文句でいっているだけではないのか。豊かか、豊かでないかは、自分自身で比べるしかない。本を読み、音楽を聴き、絵画を見ることで、わたしはそうすること以前のわたしと比べて、はたして豊かになっているのか。生活も豊かになったといえるのか。まったく自覚はない。いったい「何」で測ればいいのかね。

たとえば、わたしは本を全然読まない人に比べれば、ばかみたいに読んでいるほうだといっていい。映画だってそうだ。だが、だからどうしたというのだ、という気がする。その人は本は読まなくてもクラシック音楽に通暁しているかもしれない。映画は見なくても、釣りに関してはセミプロ級の腕前かもしれない。絵なんか見なくても将棋は強いのかもしれない。すると、どうなるのだ。人と比べてもわからない、自分と比べてもわからない「豊かさ」ってなんなのだ。

老人になると、不寛容になるといわれる。和田秀樹医師も、それは歳をとると前頭葉の機能が低下するからだといっていた。わたしもそうなったのかと思わないではないが、この歳になって、やっと世の中のばかばかしさが視えてきたという気がするのである。人間のばかばかしさといってもいい。すべてがわざとらしいのだ。

オリンピックの勝者が勝利の瞬間、雄叫びを上げるのが見苦しい。勝者ばかりか入賞者までもが、ばかのひとつ覚えのように、さあ準備してたぞと国旗を渡され（国旗への敬意などない。クシャクシャに丸められ、放り投げられる)、嬉々として背負うのがくだらない。常人が到底できないような血のにじむような練習を何年間もして、やっとつかんだ栄光だ、許してやれよ。そう、だからもうなにもいわない。

話が大幅に逸れた。って、元に戻す気か。柄にもない堅いことを長々としゃべってしまった。どうもよくない。めんどくせえから読み飛ばしたよ、というのであればありがたい。どうもすみませんでした。元々音楽の話だった。新しい音楽は求めない。もう新しいものなど、ない。あっても、大概はつまらんものだ。いままでの音楽が最高である。そのひとりが中島みゆきである。こんなおざなりな口上ひとつで、元に戻るつもりかね。

中島みゆきの「ベスト10」をつくる

わたしが中島みゆきを聴き始めたのは四十歳を過ぎてからである。それまでは聴かず嫌いというやつで、前にも触れたように、ちょっと小ばかにしていたのである。それが聴いてびっくりした。ただ適当な詞を書いて、適当な曲をつけて、適当な声で歌って、はい一丁上がり、といったものとしか思えない凡百の歌とはちがって、彼女の歌は声・詞・曲ともに「歌」という概念を超越しているように思えたのである。

自分で詞を書き、曲をつくり、自分で歌うという歌手はいくらでもいる。しかし中島みゆきはその全部において別格である。すごい才能である。おなじように自分で詞を書き、作曲し、自ら歌った（おまけにギターもプロ級）村下孝蔵という才能あふれる歌手がいて、わたしはかれも好きだったのだが（四十六歳で早逝）、かれでさえ中島みゆきには及ばない。まあ比べることもないのだが。

彼女の歌の世界は、まるで歌謡曼荼羅のようである。「横恋慕」や「相席」「萩野原」といった軽妙な佳品から、「この空を飛べたら」や「かもめはかもめ」のような湿潤の名品、「地上の星」や「ファイト!」のような応援歌、「最愛」や「さよならの鐘」のような絶唱、そして「二隻の舟」「ひまわり〝SUNWARD〟」「世情」「孤独の肖像」「エレーン」といった大作までがある。

中島みゆきがすごいのは、そのそれぞれにおいて歌声が変貌することである。地声は一気に歌声へ変貌し、七色の声というのではないが、脱力し、軽やかに歩行し、唸り、野太く、雄々しく、ときに女々しく、かと思えば、伸びあがり、畳みかけ、もう

「歌」であることがじれったいというように、ぶちあげるのである。

彼女の歌は女心を歌ったものが多い。成就した恋はひとつもない。いったんは恋仲になったものの、かならずふられ、捨てられているのである。もう恋をする以前に、すでに失恋することが決められているような恋なのだ。それが中島みゆきが歌う恋である。独特である。歌のなかで歌われている女は、そんな自分を客観視はしていても、認めているわけではない。人並みに恨み、ねたみ、拗《す》ね、憎むのだ。自分に言い訳をしようとし、納得しようとするが、結局、くよくよし、後を引き、男にいつまでも未練を残すのだ。

中島みゆきの歌のなかの女は、なぜか自分は愛されないという自信をもっている。そして、それが女心の本質だと思っているところがある。しあわせはただ願うものだ、というのとおなじように、愛もまた願うものでしかない、というように。そんな女心に普遍性を見るファンの女性たちには、中島みゆきの歌は身に染みるのだろう。そういう女心を、いやほんとうはそんなことはないのだと、いってやりたい男たちもまた、中島みゆきの歌に引き付けられるのだろう。

だけど、やはり何事も潮時というのは来るのですね。わたしが中島みゆきの歌を追わなくなったのは二〇〇〇年前後頃である。新曲にまったく感心しなくなったのである。ほかの歌手に提供する曲もいまひとつだった。CDもDVDも買うことがなくなった。近年も、いい新曲が出なくなったのは、中島みゆきにしてもそうなのかと残念である。関係ないがブルース・スプリングスティーンもまた、作曲能力が枯渇してしまった。寺尾聰は『Reflections』一枚で終わってしまった。

だがそれ以前のいい曲がたくさんある。彼女はおつりがくるほどすごい曲をつくってくれたのである。デジタルプレーヤーには何十曲か録音している。あと何曲かを録音する必要があるが、昔の曲を聴くだけでわたしは満足である。

中島みゆきが不世出の女性歌手であることは疑いがない。いまどきの軽薄な表現に倣えば「中島みゆきは神である」というところだろうが、もちろんそんなことはいわない。彼女はそんなに安っぽい存在ではない。そんなつまらないことをいうくらいなら、いっそのこと、もうすぐ七十歳のおばあさんであるといいたいくらいだ。だが、ただのおばあさんではない。最近聴いたのは、テレビ朝日『やすらぎの刻〜道』の主題曲である「離郷の歌」である。声量は衰えていないのがすごい。

以下は、わたしの「中島みゆきベスト10」である。順位はつけられない。

○二隻の舟
○孤独の肖像
○エレーン
○最愛
○この空を飛べたら
○ひまわり〝SUNWARD〟
○根雪
○浅い眠り
○誘惑
○横恋慕

中島みゆきは日本の歌謡界史上、最高の女性歌手である。それはいいすぎ、美空ひばりがいるではないか、という声が挙がるだろうが、却下。わたしにとっては問答無用、中島みゆきは美空ひばり以上である。ひとつだけ願いがある。一回、中島みゆきに北原ミレイの「石狩挽歌」を歌ってもらいたい。

喫茶店から外を見るのが好きだ

もし喫茶店がなかったとしたら、わたしはほとんど行くところがなくなる。しかし考えてみれば、世間のほとんどの人だって、行くところなどそうそうあるわけではなかろう。行くところがない人間は生活が貧弱で、行くところがたくさんある人間は豊かな生活を送っているといった思い込みがあるかもしれないが、なあに、だれもが五十歩百歩であろう。

これは、友人の多い人間は人気があり、友人の少ない人間は社会的にさびしい人間だ、という思い込みに通じている。しかし近年、林修のような人が、わたしには友だちがひとりもいない、と堂々と公言するようになり、いまでは友人の多いことを自慢するような奴はただのアホ、と逆転しつつある。いいことだ。

家族で、あるいは友人同士で、自分たちは行くところがあるもんね、とショッピングモールに行ったはいいが、なかに入った途端、「ねえ、どこに行く?」とか「おい、どこに行こうか?」となるに決まっているのだ。で、結局フードコートで「なに食べる？」とかいって、結局なにかを食べて、あとはぶらぶらして半日が過ぎるのであろう。街中に出てもおなじである。

もちろん、自分にはちゃんとした行くところがあるよ、という人がいるだろうが、それはそれでけっこうなことである。要は、おれ行くところがねえんだよな、と卑下することはないということである。わたしは喫茶店があるだけで十分である。昔は平気で三時間ぐらいいたが、さすがにいまは長くて二時間程度である。

できるだけ外が見える窓際に座る。地下や店の奥が嫌というわけではないが、外が見えたほうが気分がいい。外に背を向けるということはない。

もし喫茶店がなかったら、音楽を聴く場所と時間は家のなかに限定されることになるが、それもうれしくない。喫茶店で音楽は必須である。窓際に座る。すぐにプレーヤーと文庫本とA４の紙と赤のボールペン（SARASA 0.5mm）をテーブルに出す。アイスコーヒーが来ると（一年中、これしか飲まない）、イヤホンを装着する。自分の世界をつくる。なにか書いたり、本を読んだりしていて、ふと間が空いたとき、外を見るのが好きである。雨の日なら、なお好きだ。

自然元素としての雨が好きかどうかは、人それぞれであろう。雨なんかただうっとおしいだけ、という人がいるだろう。それはしかたがない。しとしとが好きか、ザーザー降りが好きか、も人それぞれ。わたしはどちらも好きだ。外を眺める。なにも考えない。茫然とする。イヤホンも外す。音楽が邪魔になる。近くにだれもいず、わたしひとりである。好きな時間だ。じんわり愉しい。人の話し声はいらない。

第7章

死ぬまで読書

最高の「心の元素」としての読書

人間は人類五〇〇〇年の歴史のなかで、自然と生物（身体）以外、この世の中にある（無くなったものも含めて）すべてのものをつくった。原始信仰から大宗教まで、ただのほったて小屋から法隆寺まで、積んだ石からピラミッドまで、ただの取り決めから法律まで、ブランコから東京ディズニーランドまで、ソロバンからパソコンまで、糸電話から携帯電話まで、紙飛行機から宇宙ロケットまで、あらゆるものをつくった。火薬、印刷技術、羅針盤も発明した。

身近なところでは、車、飛行機、テレビ、ファッション、別荘、宝石、ディスコ、音楽、ゲーム、映画、バーベキュー、旅行、遊園地、カラオケ、車、腕時計、酒、タバコ、学校、ＡＩ、結婚、家族をつくった（他方、銃、大砲、爆弾、ミサイル、核兵器もつくったが）。果てしない「More」によって、「楽しい」こと（モノ）が次から次へとつくられ、その陰で「Here & Now」による「愉しい」こと（モノ）もつくられてきた。そしてそこには膨大な趣味の世界もつくられてきた。

その趣味の世界の端っこに、最も地味な本の世界がある。これはもちろん印刷技術の発明に恩恵を受けているのだが、よくぞ発明してくれたと思う。まあわたしなんかが、読者や学者に成り代わって、感謝の言葉を述べることもないのだが。

わたしは学生時代の頃までは、到底自分が本好きの人間になるとは思ってもいなかった。本好きというとインテリ、という幼稚な先入観があり、そしてわたしはインテリが好きではなかったのである。それが二十代半ばから七十半ばの歳になるまで(ここまで生きてこられたことも予想外だったが)、ずっと本を読みつづけることになろうとは我ながら驚きである。それどころか読書欲はちっとも衰えていない。

昔に比べると、読み方がまったく自由になった気がする。あれは読まねばいけないなといった余計な動機がなくなり、ほんとうに読みたい本だけ読むようになったのである。そんなこと、あたりまえではないか、といわれるだろうが、以前は義務としての読書みたいな意識もあったのである。

大していろんなことをやってきたわけではないが、いくつかのことはしてきたし、やってみようと思ってやれなかったことや、途中でやめてしまったものや、あれはもう一回やってみてもいいなと思うものなどがあるが、この五十年間、一貫してつづいているのは読書だけである。この先もこのままいきそうである。

無限無数にある趣味の世界のなかで、最も地味だと思われる読書のなにがよかったのか、とは問わない。考えることも、答えようとすることも、もうめんどうである。それに、もし答えたとしてもなんになる？　なんか知らんが無性におもしろい（愉しい）、ということで読んでいるだけである。

お年寄りたちの登山ブームはまだつづいているのだろうか。ゲートボールはまだ人気があるのか（ゲートボールじゃなく、パターゴルフ！　といっていたおばあさんがいたが、パターゴルフはルールも簡単で手軽らしい）。登山には登山の醍醐味があり、ゲートボールにもそれなりの魅力があるのだろうが、わたしにはもう多くの人とワイワイガヤガヤやりながら、交流を楽しみたいという欲求がまったくない。もうひとりでできる「愉しみ」以外、興味がないのである。その意味で、読書ほどわたしに最適なものはないのである。

わたしがこれまでどんな心をつくってきたのかは心許ない。わたし自身もの足りない部分がある。なにがあっても揺るぎのない心をつくりあげることができたらいいなあ、とは子どもの頃からの熱望でもあった。もう少し大きな男になりたかったな、という恨みもある。しかしもう遅い。

いささか頼りない心ではあるが、いまの心が七十年をかけてできたものであるなら、受け入れるしかない。その心は多くのものによってつくられたものだろうが、読書が五十年もつづいたということは、本は心の形成にとっても必須のものだったのだろう。それには不自由な、義務としての読書も役に立っているかもしれない。

もし本を読まなかったらどういう人間になっていたか、と問うても意味はない。読んできたのだから。もしこれから本を読まなくなるとどうなるか、についても、ちょっと考えられない。わたしにとって本は、ごはんみたいなものだから。

いまや作家も主人公もみんな年寄りばかり

わたしがいま読んでいるのはもっぱら小説である。「文学」ではない。大衆「小説」である。それも主としてハードボイルドといわれるものであり（なかでも刑事小説）、ほかには時代小説である。

ハードボイルドものとは、たとえば、長らく探偵小説の最高峰だったロバート・

B・パーカーの「スペンサー」シリーズであり、一時代を築いたアクション小説の雄、スティーヴン・ハンターの「ボブ・リー・スワガー」シリーズであり、この二つのシリーズに勝るとも劣らない唯一無二の刑事像を造型して「激おも」(過激におもしろい)の境地を開いたR・D・ウィングフィールドの「フロスト警部」シリーズを挙げることができる。

しかしこの三作品(シリーズ)は悲劇(?)に見舞われた。作家か主人公が歳をとったことによる悲劇である。「スペンサー」シリーズは、著者のロバート・B・パーカー(一九三二年生まれ)が、二〇一〇年に七十七歳で亡くなったことにより終了した。「フロスト警部」シリーズの著者R・D・ウィングフィールド(一九二八年生まれ)はやはり、本人が二〇〇七年に七十九歳で亡くなった。最後の『フロスト始末(上・下)』は、本国では二〇〇八年に出版されていたが、待ちに待った翻訳本が出たのは二〇一七年だった。そのときにはじめて日本の読者(わたし)は、著者が十年も前に亡くなっていたことを知ったのである。

「ボブ・リー・スワガー」シリーズの著者ハンターはまだ存命である。主人公のスワガーも作中で生きている(そういえば、主人公が死ぬ小説はあまり見ない)。が、かれも寄る年波には勝てず、娘婿に立場を譲ったところから、無理もないことだがその役目を終えた。作家自身が一九四六年生まれで七十五歳となり、いたしかたなし。しかし一九四〇年生まれのジェフリー・アーチャーや一九四七年生まれのスティーヴン・キングを見れば、まだまだ老け込むのは早いともいえるが。

で、要するになにがいいたいかというと、わたしの好きな作家たちは年寄りが多いということなのである。いやわたしは最初からじいさん作家が好きだったわけではない。かれらはわたしとともに歳をとり、じいさんになってしまったというわけなのである。そして必然的に、主人公たちも歳をとってしまったのである。で、わたしはそのことにいつのまにか馴染んでいたのである。人間は自分とおなじような人間に親近感をもつ。作家も主人公も読者もじいさん、というのは悪くなかったのだ。

後続作家に期待する

だが作家が死んでしまってはどうしようもない。右の重鎮お三方亡き後（ハンターは存命だが）、かれらの衣鉢を継ぐ作家はだれかいないかと思った。三人、いた。ひとりは、ドン・ウィンズロウである。しかしかれも一九五三年生まれの六十八歳、全然若くはないが健筆をふるっている。最初の頃の『ストリート・キッズ』(一九九三)、『仏陀の鏡への道』(一九九七)などの探偵ニール・ケアリーものから、その後の『犬の力(上・下)』(二〇〇九)、『ザ・カルテル(上・下)』(二〇一六)、『ダ・フォース(上・下)』(二〇一八)、『ザ・ボーダー(上・下)』(二〇一九)の麻薬戦争くたばり作への大変貌は瞠目に値する。

もうひとりは、「ハリー・ボッシュ」シリーズを書き継いでいるマイクル・コナリーである。このシリーズは前から何作かは読んでいたが、中断していた。それが昨年頃から読んでみると、時々、この主人公は鈍くせえ男だなとイライラしはするものの、これはいいではないかと再認識したのだ(それにしてもMichael Connellyは「マイケル・コネリー」ではなく、なぜ「マイクル・コナリー」?　原語の発音に近くしたのか)。

主人公のヒエロニムス(ハリー)・ボッシュはロサンゼルス市警の刑事だったが定年退職、その後市警の未解決事件班に職を得る。最新作『鬼火(上・下)』(二〇二一)の訳者解説によると、ボッシュは現在六十九歳、ゆくゆくは娘のマディが女性刑事になり、屈強の女性刑事のレネイ・バラードとの共演が楽しみというが、わたしも楽しみである。作者のコナリーは一九五六年生まれの六十五歳で、決して若くはないがあと十年くらいは書けそうである。

ちなみにコナリーは物語のなかで、映画と音楽のことを書く珍しい作家である。ボッシュ（コナリー）は珍しいことにジャズを愛する刑事である。屈指の傑作『エコー・パーク（上・下）』にもマイルス・デイヴィスが出てくる。かれの「カインド・オブ・ブルー」を聴くと元気が出るとボッシュはいい、自宅で「オール・ブルース」をかける。わたしのプレーヤーにも「カインド・オブ・ブルー」は入っており、『エコー・パーク』を読みながら、その曲を聴く。

最後のひとりはロバート・ベイリーである。『ザ・プロフェッサー』（二〇一九）の出現はじつに新鮮だった。主人公のトム・マクマートリーは六十八歳である。ただし著者は自分の年齢を明かしていない（ようである）。しかしアラバマ大フットボールコーチのポール・〝ベア〟・ブライアントが死んだ一九八二年に著者は九歳だったというから、一九七三年生まれと推定される。となるとこの本を書いたときはおそらく四十六歳だったと思われる。現在は四十八歳か。

それにしても、よくあんな年寄りを主人公に据えようと考えたものだ。その後二作書かれて三部作となっているが、すごい手練れである。著者は「わたしが意図したのは、伝説的な人物（レジェンド）を創りあげることだった。たぐいまれな誠実さと強さ、そして品格をあわせもった人物」といっているが、見事に成功している。

時代小説はご多分に漏れず、山本周五郎、池波正太郎、司馬遼太郎、藤沢周平を読んだ。かれら亡き後というわけではないが、北方謙三、宮本昌孝、滝口康彦、乙川優三郎、中村彰彦も好きだった。若手では今村翔吾の台頭が目覚ましい。が、もうひとり、なにがきっかけだったかは思い出せないが、長谷川卓という作家を知った（思い出した。偶然『もののふ戦記―小者・半助の戦い』という文庫本を読んで「すごい」と思ったのだった）。

長谷川卓には、元南町奉行所定町廻り同心だった二ツ森伝次郎を主人公とした「戻り舟同心」シリーズと、北町奉行所臨時廻り同心の鷲津軍兵衛を主人公とした「北町奉行所」シリーズとがあるが、わたしが好きなのは軽妙滑稽な「戻り舟同心」のほうである。二ツ森はハリー・ボッシュとおなじように未解決事件を扱う永尋掛り同心として六十八歳で再出仕する（かたや北町奉行の鷲津はまだ五十一歳である）。

もう若い作家や若い主人公の物語はあまり気が乗らない。「戻り舟同心」の新作が出ないなあと待ちわびていたところ、今年の四月にやっと『鳶　新・戻り舟同心』が出たのである。ところが驚いたことに、これが遺作だった。長谷川卓は一九四九年生まれだが、二〇二〇年十一月に亡くなっていたことがわかった。七十一歳か。この『鳶　新・戻り舟同心』は、書きかけ途中の未完で、文字通りの遺作である。奥さんの「あとがきにかえて」が収録されており、長谷川さんの写真も収められている。残念である。

読みたい本が続々出てくる

わたしはおそらく死ぬまで本を読むだろう。そう思うだけで愉しい。心強い。本があることは希望でもある。単著で、読みたい本が出てくる。予定は目白押しだ。それ以外に、シリーズものや大著もある。読み始める前に、腰を据える必要があるが、それもまた愉しみである。

――『古川ロッパ昭和日記』

名著、あるいはめっぽうおもしろいとの評価が高く、前からずっと気になっているのが古川ロッパの日記である。わたしらの年代だと、古川ロッパという人物は名前だけは知っている。何だか知らないが有名だった。ロッパという名前が珍しかったからか(のちに緑波が元だと知った)。

わたしが十歳くらいだったとき、ロッパはすでに五十歳くらいのはずで、まだ現役だったのかはわからない。かれが亡くなったのは一九六一年だから、わたしが十四歳のときだ。テレビが町中に出始めたのはわたしが九歳頃だが、ロッパをテレビで見たという記憶はない。エンタツ・アチャコやエノケンなら見た記憶はある。

ロッパ日記は全四巻で、発売当時各巻は一万二〇〇〇円もした。もちろん、こんな本が出版されていたことなど当時知るよしもなかったが(わたしが四十歳頃)、知っていたとしても到底買えない。二〇〇七年に新装版が出ているが(古本でも合計二万四〇〇〇円ほどするのだ)、それも買えない。買えたとしても場所ふさぎである。

幸い市内の図書館が所蔵している。滝大作監修『古川ロッパ昭和日記　戦前篇　昭

和9年─昭和15年』(晶文社、一九八七年)、『同　戦中篇　昭和16年─昭和20年』(同、一九八七年)、『同　戦後篇　昭和20年─27年』(同、一九八八年)、『同　晩年篇　昭和28年─昭和35年』(同、一九八九年)の全四冊である。

とりあえず『戦前篇』一冊を借りてみて驚いた。一般的な単行本を想像していたら、書庫から大判で分厚い本が出てきたのである。測ってみたら厚さが四・五センチもある。一応借りてきたが、開いてみるとこれが上下二段組である。

こりゃ生半可な気持ちで手を出していいものではない。借りられる期間は二週間。延長して四週間、ほぼ一ヵ月。その間に一冊を読まなければならない。ほかに借りる人がいなかったら(いなさそうだが)、さらに延長することは可能だが、いつまでもというわけにはいかないだろう。しかも、それが四冊。

ひとまず一番最初の昭和九年一月一日の項だけを読み、自分をその世界にちょっとだけ慣れさせたところで、図書館に一旦お返しをした。いつか気合を入れなおしたところで、また借りなおすことにする。それがいつになるかは不明だが。

――司馬遼太郎『街道をゆく』

前著『それでも読書はやめられない』(NHK出版新書)を書いた後、軽い気持ちで司馬遼太郎の『街道をゆく』(朝日文庫)を読み始めたら、とまらなくなってしまった。現在十一冊まで読んでいる。

あらためて司馬遼太郎の知識量のすさまじさに驚嘆した。どの一冊でもいい。どの頁でもいい。わずか一、二行のなかにわたしの知らない事実が何個も入っている。表舞台の小説を書くかたわら、そんな調子で司馬は四十三冊もの「街道」ものを書いていたのである。軽い旅行記みたいなものかと思っていたら、とんでもなかった。本物の作家というものは、じつにものすごいものである。

さらに司馬遼太郎が亡くなったのが、七十二歳のときだったと知って驚いた。その歳までに、あんなに膨大な作品群を書いたのか。ありがたいことに『街道をゆく』はまだ、あと三十二冊残っている。味読したい。

――長谷川卓『嶽神《がくじん》』シリーズ

長谷川卓には前出の「同心」もの以外に、「嶽神」ものと呼ばれるシリーズがある。

わたしは以前、一回この「嶽神」ものを読もうとしたことがあるが、どうにも合わなかったのである。しかしこのシリーズはファンの間でやたら評判がよいらしく、おれの読み方が悪いのかと、その後もう一度読もうとしたのだが、やはり挫折した。

もう長谷川卓の新しい本を読むことはできない。もう一度「戻り舟同心」シリーズ七作を最初から読み返して、その後、今度こそ「嶽神」ものを読もうと思う。『嶽神列伝　逆渡り』（講談社文庫）からはじめて『嶽神（上・下）』（同）を読み、以後順次『嶽神伝　無坂（上・下）』（同）から『嶽神伝　風花（上・下）』（同）まで全十三冊を読む気でいる（最後の『風花』の巻末には作家本人の「闘病記」が収録されているらしい。当然、わたしは知らなかった）。

ある意味、ファンたちから長谷川卓の主著と目されている「嶽神」ものを未読のまま残しているわたしには、思いがけない楽しみが残されているともいえる。ぜひ、おもしろいものであってくれ。

——北方謙三『チンギス紀』

現在十二巻まで出版されている（二〇二一年十一月現在）。この第一巻『チンギス紀一火眼』（集英社）が出版されたのは二〇一八年。これがそろそろ文庫になるのではないかと期待している。もうよほどのことがないかぎり、単行本を読むことはない。『チンギス紀』がおもしろいのかどうか、わからない。ただ北方謙三というだけで信頼しているのだ。あの北方ではないか、おもしろくないはずがないと。

わたしはわたしに従う

読書が趣味だというと、ある意味、ああそういう人ね、と思われることはあるものの、どちらかといえば、つぶしの効かない地味な趣味と見下されがちであろう。世間にはバンドをやってるとか、ヨットとか、いま流行りのソロキャンプとか、「わあ、すごい！」といわれるような注目度の高い趣味があるからである。だからといって、本のなにがおもしろいの？　とは訊かれない。訊かれるとしたら、そのぼけなすには、読書の楽（愉）しさがほんとうに理解できてないからである。

詩人の最果タヒがこんなことを書いている。三十五歳の女性のようだが、彼女はわたしと似たような経験をしたらしい。

酒もタバコもやらないのでやはり「人生何が楽しいので？」みたいなことは聞かれるが、「いやめっちゃつまんないですね」が私の解である。つまんないし、酒やタバコをやらないでここまで来た自分には悔やむことも多い。もちろん漫画や劇や音楽は好きだが、それとこれとは話が違っており、自分の身体にエフェクターをかますようなこと。酒やタバコは、それをやれたらどれほど変わるだろう、とよく思う。でももうだめだ、酒やタバコは気づいたら始めていて抜け出せない、というもので、今更やっても意味がないのだ。

（『ちくま』No.５９９、二〇二一）

「人生何が楽しいので？」みたいなことを「聞かれる」と書いているが、相手はべつに真剣に聞いているわけではない。なにが楽しいんだよ、と、ただバカにしたいだけなのだと思う。だから彼女の「いやめっちゃつまんないですね」という答えも、たしかに答えといえば答えではあるが、（この答えで納得しやがれ、ばかやろうが。もうこれ以上つべこべいうんじゃねえ）という意味の逆切れだと思うのだが、どうもちがうらしい。

最果タヒはまじめに「酒とタバコ」の意味を考え始め、それができない自分を悔やみもするが、酒タバコは「友達」とおなじではないかと考える。最果は「友達」もいないらしいが、彼女は「友達」は「体にも悪いし」とおもしろいことをいう。だけど「『友達いないなんて大丈夫?』という人たちは『酒ぐらい覚えたほうが楽しいよ!』って人と同じなんだなあ。そして友達がいない人に向かって『今から作れよ』とは誰も言わないのだ」と最果はイライラしている。

この相手は女の友だちだな。やはり酒を飲める自分は、酒を飲めない人間よりちょっと上、と考えているやつである。結婚しているとか、子どもがいるとか、なにかにつけて相手の上に立とうとする人間であろう。嫌な言葉だが、今風にいえば「マウント」をとりたがるやつである。

最果は「譲れない部分で対立したのなら、険悪になってもいいのではないか」という。その相手が険悪になってもなんの問題もないやつなら険悪になることは簡単である。また「酒が呑める人、酒に酔える人たちに対して優しくできない」ともいっている。もちろん、優しくする必要はまったくない。最果はやはり「人生何が楽しいので?」みたいなことをいわれるのが不愉快なのである。それでまだ若いから、考えなくてもいいことまで、まじめに考えてしまうのだ。

歳をとればとるほど、もっと自由に生きられる。世の大半のことがどうでもよくなる。組織のしがらみからも、人間関係のしがらみからも解放される。最果は「私は露骨に人間関係が最優先のものとして扱われる瞬間に怖くなる」というが、歳をとると「人間関係」なんてものもまたどうでもよくなる。時間にも拘束されることがなくなる。阻害するものは自分の頭に巣食っている堅い観念と、しつこく残存している世間への気兼ねだが、それもほとんど薄れていく。もう自由に生きていいのである。

桃子さん（だれだ？）は「老いるというのは結局のところ、負けを承知の戦のようなものではないか」と考える寡婦のお年寄りである。結局のところ、寄る年波には勝てないということなのだろうが、無責任で自分勝手な世間に対しては負けるわけにはいかない。

子供も育て上げたし、亭主も見送ったし。もう桃子さんが世間から必要とされる役割はすべて終えた。きれいさっぱり用済みの人間であるのだ。亭主の死と同時に桃子さんはこの世界とのかかわりも断たれた気がして、もう自分は何の生産性もない、いてもいなくてもいい存在、であるならこちらからだって生きる上での規範がすっぽ抜けたっていい、桃子さんの考える桃子さんのしきたりでいい。おらはおらに従う。どう考えてももう今までの自分ではいられない。誰にも言わない、だから誰も気づいていないいけれど、世間だの世間の常識だのに啖呵を切って、尻っぱしょりをして遠ざかっていたいとあのときから思うようになった。

（若竹千佐子『おらおらでひとりいぐも』河出文庫）

桃子さんというのは、亭主に先立たれた七十四歳の、「プラトー状態」などという言葉を使うインテリ観念ばばあである。彼女は自分を社会にとっては不要不急の存在だとみなしていて、じゃあこっちからも好きに生きさせてもらうからな、と考える。世間の「規範」なんかもはやどうでもいい。それが「おらはおらに従う」という決意であり覚悟である。もちろん、それでいいのだ。元々「世間から必要とされる役割」なんてものも、存在しなかったのだから。

もうだれにも、社会のなににも貢献しない生活をしていると、つい幼心に刻まれた社会意識が頭をもたげ、こんな自分本位の生活でいいのかと考えたりするが、そんなことはもう考えない。迷わない。最果タヒも、あと四十年待ってみればわかると思うけど、いまはいやでも考えてしまうのだろう。

楽しくなければ「しなくて」いいのだ

群ようこに『しない。』（集英社文庫）という本がある。「文庫版あとがき」には、「私の『しない』というか、積極的にはやらないことなどを書いた」とある。わたしもこのようなタイトルで本を書いてみたいと思ったことがあったが、果たせなかった。だから興味がある。ちなみに「おらおら」の若竹さんも、群さんもおなじ一九五四年生まれの六十七歳である。群も老けたなあ。

群ようこの「しない」ことは、次のようである。「通販」「携帯電話」「化粧」「ハイヒール」「手帳」「結婚」「言葉」「ポイントカード」「クレジットカード」「後回し」「SNS」「必要のない付き合い」「女性誌」「捨てすぎること」「カフェイン」そして「自分だけは大丈夫と思うこと」。これで全部である。

これを見て、第一感は、ああ、これはある種の読者からは嫌われるなあ、と思った。

とくに「通販」「携帯電話」「化粧」「結婚」「ポイントカード」「SNS」「必要のない付き合い」あたりは抵抗が強そうである。世の大半の人（この場合は女性たち）が喜んで「して」いることを、群ようこは「しない」といっているのだから、やっている人たちは自分が否定されていると受け取り、不機嫌になるからである。人は、たとえ自分が間違っている、自分が悪いとわかっていることでも、自分を否定されたくはない。だから否定されると逆切れするのである。

たとえば、こういうこともあろう。いまや世のじいさんやばあさんは、孫たちから「じぃじ」「ばぁば」と呼ばれている。この現状を嘆き、「この言葉、私はなんか気持ち悪い」と文句をいっているのは中川淳一郎である。かれは、「『じぃじ』『ばぁば』は、老人をかわいらしい存在にしようとする意図が感じられるのです。孫をとにかくかわいがる好々爺や『かわいいおばあさん』に仕立てて、小遣いをせしめようとしていないか？」と分析している。

中川には二つ上の姉がいる。そして実際、その姉も二人の息子には祖父母のことを「じぃじ」「ばぁば」と呼ばせているようである。これがまたかれには気に入らない。「何よりも私が腹立たしいのは、私の両親が『じぃじ』『ばぁば』という呼び方を自然と受け入れていることです」(『恥ずかしい人たち』新潮新書)。

　これも「じぃじ」「ばぁば」と呼ばれて嬉々としている世の年寄りからは苦情が来るだろう。いままでそう呼ばれることになんの疑問も感じず、むしろわれわれはいい家族だといい気分になっていたところへ、なにが「じぃじ」「ばぁば」だ、ばかじゃねえのか(とは中川はいってないが、わたしがちょっといってる)、という人が現れたのである。わたしが見るところ、あれは地井武男の散歩番組『ちい散歩』が人気が出て、地井が「ちいちい」と呼ばれたことに影響されていると思う。あれ以来、なんでも可愛い呼び名にすることが流行ったのである。

　わたしは群ようこの「携帯電話」と「手帳」「ポイントカード」「SNS」の「しない」に賛成である。しかし彼女もいまでは必要に迫られて、ついにスマホをもつようになったようである。仲間がひとり減ったようで、残念である、とは思わない。サンドウィッチマンの二人がガラケーからスマホに換えたと聞いても、それはしょうがないなと思うだけだし、古田新太がいまだに携帯をもっていないからといって、とくに好意をもつということもない。仲間だとは思わない。

　スーパーやコンビニやカフェのレジで、やたら何種類ものカードを出しては、いくばくかの利益（割引き）を得ようとする人間が増えて、レジにえらい時間がかかるようになった。おばさんの使用率が高いように思われるが、若い男女にも、おっさんにもいる。なにやってるんだと見ていると、キャッシュカードやらポイントカードやらその店のカードやら他のカードを、機器に通したり、かざしたり、携帯電話をあててみたり、印を押してもらったりしているのだ。

これがもたつく。やりなおしたり、読みとれなかったりしている。だがこれはもうしょうがない。そういう時代になったのだ。せめて処理が終わったらさっさとレジをどいてくれればいいのに、そこまで神経が行き渡らず、その場でカードやレシートをのんびり財布に収めたりしているのだ。イライラするが我慢する。時代はかれらを中心に回っており、わたしではない。もう気長に待つよりしかたがない。

わたしの「しない」を挙げるならこんなところか。「携帯電話」を使わない。「カラオケ」に行かない。「バーベキュー」をしない。「食べ放題」に行かない。「でかネタ」を喜ばない。「マウントをとる」という言葉を（得意気に）使わない。

けれど世のほとんどの人は「カラオケ」「バーベキュー」「食べ放題」が大好きなようだから、これに反対すると顰面、嫌われるのである。世間が楽しいと思うことが、わたしにはまったく楽しくない、というのはこんなところにもある。

なんと幸運な人生

人生は間違いなく暴力と耐えがたい屈辱と死に満ちているけれども、せめて今晩だけは優しい夏の宵を楽しみたいと思った。

（ヘニング・マンケル『苦悩する男（上）』創元推理文庫）

一年遅れの東京オリンピックが行われていた今年八月、三日から十二日までの深夜、NHKで『映像の世紀』十一作が再放送された。最初放映されたときは通して見、その後何回も再放送されたときにも、時々見ていた。何回聴いても、加古隆のあの荘厳な主題曲に胸をうたれるし、映像も見るたびにさまざまな感慨に襲われるものだが、今回はまた改めて考えさせられた。

人間はまた、なんと愚かなことや残虐なことばかりをしてきたことか。全十一回がみなそうなのだが、とくに「(2)大量殺戮の完成」「(5)世界は地獄を見た」「(9)ベトナムの衝撃」「(10)民族の悲劇果てしなく」の回には新たな衝撃を受けた。その大量殺戮・地獄・悲劇の歴史の合間のわずかな隙間の場所と時間において、人間は、人間のしあわせだの、人間性だの、美だの、愛だの、家族だの、真実だの、誠実だのといってきただけにすぎないのではないか。

「映像の世紀」とは二十世紀のことである。その前に十九世紀分の一九〇〇年の時間があり、さらに紀元前の三〇〇〇年分もある。その四九〇〇〇年はもちろん映像が存在しないが、間違いなく人間はその四九〇〇〇年を生きてきたのである。以前、NHKの番組で『タイムスクープハンター』というのがあった。歴史上どの時代にも現代の調査員が行って、当時の状況を映像で見せるというものだが、もしそんなことが可能だったら、到底、正視できない映像が数多く映し出されることになるだろう。そのおよそ五〇〇〇年の最末端にわたしたちは生きている。

わたし(たちの多く)は、斬り殺されることもなく、切腹を命じられることもなく、スパイ容疑で街中で簡単に銃殺されることもなく、捕虜になって拷問にかけられることもなく、爆弾で殺されることもなく、特攻隊に行かされることもなく、暴漢に襲われることもなく、大地震にも洪水にも火事にも遭うことなく、重篤な病に冒されることもなく、飢餓に苦しむこともなく、無事な人生を送ることができた。

五〇〇〇年を持ち出すまでもなく、わたしが生きた七十四年間の場所と時間だけを考えてみるだけでも、髪の毛一本ほどの細い道を辿るかのようにして、ここまで無事に生きてこられたことは奇跡というほかないという気がする。現在全世界の人口は七十八億人いるとされるが、そのうち生誕から死まで無事な人生を送ることができる人間は、どれくらいいるだろうか。

「ただ生きているだけで楽しい」の大前提は、二十一世紀のつかの間の現在の、日本というごく限られた平和な場所と時間のなかの、「わたし」という身体空間が、だれからも、なにからも侵されることなく、生きてこられたからいえることである。人類五〇〇〇年を持ち出したことはいかにも大げさだが、人間が人間に対してやってきたことを考えると、否応のない実感である。

「せめて今晩だけは優しい夏の宵を楽しみたい」と甘ったるいことを思うわけではないが、気持ちはわかるではないか。まだわたしの人生は終わったわけではない。しかしもうここまでで、なんと幸運な人生だったことか、という思いがする。それなのに世間はまた、「人生一〇〇年」とか、「アンチエイジング」とか贅沢なことをいっている。わたしのこの先はまだどうなるかわからない。早すぎる総括をして、ちょっと勇み足だったなあ、となっても、それはそれでしかたない。

できることならこのまま最後まで、平穏な時間がつづいてくれるとありがたいとは思うが、もう自分のことはいいという気がする。それよりも気になるのは、今後数十年間を生きてゆくわたしたちの子どもたちや孫たちのことだ。相当厳しい世界になってゆく気がする。強く、賢明に生きていってくれと願うしかない。

こんなことを考えたことも、人類五〇〇〇年のことも忘れて、また一日が始まる。今日も歩く。簡単な柔軟をする。歩数計をベルトにつける。リュックを背負い、キャップをかぶり、「よし、歩くか」と二、三回、四股を踏む。スニーカーを履き、歩き出す。明日はまた、あのオレンジに乗る。名前を「オレンジ」にしてやろうか。「橙《だいだい》」がいいか。やはり、名前はいらないな。

あとがき

元々わたしは、「花鳥風月を解さない男」であった。以前勤めていた会社の社員旅行でバスに乗っていたとき、外の景色に一切興味を示さないわたしに、親しい上司が「勢古くん、ちょっとは外を見ろよ。まったく花鳥風月に関心がねえんだからなあ」といったのである。笑った。あたっていたのだ。しかし人は変わるものである。

ちょうど本文を書き終えた頃、新聞広告で、レイチェル・カーソンの『センス・オブ・ワンダー』（新潮文庫）の文庫が出ることを知った。大げさだが、天の配剤か？と思った。早速読んでみた。自然を発見し、自然に親しむことの素晴らしさが書かれていた。「末期の目」とは正反対の方向から、また別の意味において、人間のまっとうな成長にとって「自然元素」の大切さが語られていたのである。

カーソンは姪の息子のロジャーを乳児のときから、毛布にくるんで海や森へ連れていった。「わたしたちは、嵐の日も、おだやかな日も、夜も昼も探検にでかけていきます。それは、なにかを教えるためにではなく、いっしょに楽しむためなのです」。あえて花や鳥の名前を教えなかった。しかしやがてロジャーは「あっ、あれはレイチェルおばさんの好きなゴゼンタチバナだよ」などというようになった。ある夜、明かりを消した部屋の窓から「満月が沈んでいく」のをいっしょにながめた。「いちめん銀色の炎に包まれ」た海を見た。

カーソンはこういっている。「もしもわたしが、すべての子どもの成長を見守る善良な妖精に話しかける力をもっているとしたら、世界中の子どもに、生涯消えることのない『センスオブワンダー＝神秘さや不思議さに目を見はる感性』を授けてほしいとたのむでしょう」。さらにつづける。「この感性は、やがて大人になるとやってくる倦怠を幻滅、わたしたちが自然という力の源泉から遠ざかること、つまらない人工的なものに夢中になることなどに対する、かわらぬ解毒剤になるのです」

親が自然に対する知識をもっていなくても、「子どもといっしょに空を見上げてみよう、とカーソンはいう。そこには「夜明けや黄昏の美しさがあり、流れる雲、夜空にまたたく星」がある。また風の音を聞いてみよう。すると「森を吹き渡るごうごうという声」や「家のひさしや、アパートの角でヒューヒューという風のコーラス」が聞こえるだろう。雨の日には「雨に顔を打たせ」、公園で「鳥の渡りを見」ることもできる。子どもたちに「美しいものを美しいと感じる感覚、新しいものや未知なものにふれたときの感激」を経験させるのである。

これは「末期の目」に頼らない自然な方法である。「生誕の目」といったらいいか。わたしは、皮肉なことに、歳をとったいまならこれがわかる。もっとも、歳をとったぶんだけ、感性は干からびてはいるが。

*

「私自身は、自分の死で悩んだことがありません。死への恐怖というものも感じたことがありません」「『ガンになったら』なんてことも考えません。それが手遅れならば仕方がないと、素直に諦めます」「まあ、私も母みたいに、できるだけ普通に暮らして、朝起きたら死んでいたというのが一番理想的です。（略）どこかで行き倒れて死んでしまうのでもいいし、乗っている飛行機が落ちて死ぬのでもかまいません」

こんなすごいことをさらっといっている人はだれかといえば、尊敬する養老孟司である（『猫も老人も、役立たずでけっこう』河出書房新社）。わたしもかれのように考え、生きることができるなら（あるいは死ぬことができるなら）、と思う。養老孟司さんは「愉しむ人」である。

＊

なお、第1章の「養老孟司の①Moreと②Here & Now」と「物欲は人間をしあわせにしない」、第3章の「自転車は年寄りに最適の乗り物」と「町の達人にどうしても追いつけない」、第4章の「うましうるわし奈良へのひとり旅」と「映像作家・保山耕一氏の『時の雫』は最良の癒やしである」、第5章の「韓国映画に度肝を抜かれる」、そして第6章の「中島みゆきの『ベスト10』をつくる」の文章は、ネットサイトJBpress（https://jbpress.ismedia.jp）に掲載した文章が元になっていることをお断りしておきたい（転載にあたっては、それぞれ大幅な加筆訂正を施している）。記事掲載時に編集を担当していただいたJB pressの島田雄彦氏にお礼を申し上げる。

最後に、本書ができたのは草思社編集部の吉田充子さんのおかげである。延長延長で、遅々として進まぬ原稿を待っていただいた。それだけ待っていただいたからには、△万部くらい売れる本を書いて恩返ししなければな、と思いはしたのだが、結果、おもしろいのかおもしろくないのか、よくわからない本になってしまった。申し訳ないことである。お礼をいうつもりが、謝罪になってしまった。

勢古浩爾

二〇二一（令和三）年十一月

著者略歴――――
勢古浩爾　せこ・こうじ
1947年大分県生まれ。明治大学政治経済学部卒業。洋書輸入会社に34年間勤務ののち、2006年末に退職。市井の人間が生きていくなかで本当に意味のある言葉、心の芯に響く言葉を思考し、静かに表現しつづけている。1988年、第7回毎日21世紀賞受賞。著書に『定年後のリアル』シリーズ、『結論で読む幸福論』（いずれも草思社）、『最後の吉本隆明』（筑摩書房）、『ウソつきの国』(ミシマ社)、『定年バカ』(SBクリエイティブ)、『人生の正解』（幻冬舎）など多数。

自分がおじいさんになるということ

2021年12月23日　第1刷発行
2022年3月11日　第2刷発行

著者　勢古浩爾
装幀者　石間 淳
本文デザイン　浅妻健司
イラスト　浅妻健司
発行者　藤田 博
発行所　株式会社 草思社
〒160-0022　東京都新宿区新宿1-10-1
電話　営業 03(4580)7676　編集 03(4580)7680

本文組版　横川浩之
印刷所　中央精版印刷株式会社
製本所　加藤製本株式会社

ISBN978-4-7942-2554-2 Printed in Japan　検印省略